O QUE RESTA DE AUSCHWITZ

COLEÇÃO
ESTADO de SÍTIO

GIORGIO AGAMBEN

O QUE RESTA DE AUSCHWITZ

O ARQUIVO E A TESTEMUNHA
HOMO SACER III

Copyright © Giorgio Agamben
Copyright © Boitempo Editorial, 2008

Coordenação editorial Ivana Jinkings
Editores assistentes Ana Paula Castellani
Jorge Pereira Filho
Assistência editorial Ana Lotufo
Luciene Lima
Tradução Selvino J. Assmann
Preparação Nilson Moulin
Revisão Rosa Kushnir
Capa Guilherme Xavier
sobre foto de Michael Kenna
Editoração eletrônica Cintia de Cerqueira Cesar
Coordenação de produção Juliana Brandt
Assistência de produção Livia Viganó

CIP-BRASIL. CATALOGAÇÃO NA FONTE
SINDICATO NACIONAL DOS EDITORES DE LIVROS, RJ

A21o

Agamben, Giorgio, 1942-
O que resta de Auschwitz: o arquivo e a testemunha (Homo Sacer III) / Giorgio Agamben; tradução Selvino J. Assmann. - São Paulo: Boitempo, 2008.
(Estado de sítio)

Tradução de: Quel che resta di Auschwitz
Inclui bibliografia
ISBN 978-85-7559-120-8

1. Auschwitz (campo de concentração). 2. Holocausto judeu (1939-1945) - Narrativas pessoais - História e crítica. 3. Holocausto judeu (1939-1945) - Aspectos morais e éticos. 4. Pós-estruturalismo. I. Título. II. Série.

08-3838.
CDD: 940.5318
CDU: 94(100)"1939/1945"

É vedada a reprodução de qualquer parte deste livro sem a expressa autorização da editora.

1ª edição: outubro de 2008
1ª edição revista: outubro de 2010; 7ª reimpressão: outubro de 2024

BOITEMPO
Jinkings Editores Associados Ltda.
Rua Pereira Leite, 373
05442-000 São Paulo SP
Tel.: (11) 3875-7250 / 3875-7285
editor@boitempoeditorial.com.br
boitempoeditorial.com.br | blogdaboitempo.com.br
facebook.com/boitempo | twitter.com/editoraboitempo
youtube.com/tvboitempo | instagram.com/boitempo

Bianca Casalini Agamben (*in memoriam*).
"Estar ao alcance de tudo significa ser capaz de tudo."

Para Andrea, Daniel e Guido, os quais, ao discutirem comigo estas páginas, permitiram que viessem à luz.

SUMÁRIO

Apresentação, Jeane Marie Gagnebin 9
Advertência 19
1 A testemunha 25
2 O "muçulmano" 49
3 A vergonha, ou do sujeito 93
4 O arquivo e o testemunho 139
Bibliografia 171

APRESENTAÇÃO

Jeanne Marie Gagnebin

Dentro da vasta obra de Giorgio Agamben, este livro ocupa lugar intermediário e singular. Publicado em 1998, retoma a problemática de *Homo sacer* (1995)[1] e de *Mezzi senza fine* (1996)[2], em particular a distinção entre *vida nua* (*zoè*) e *forma de vida*, propriamente humana (*bios*), desde a elaboração dessa distinção por Aristóteles até a transformação, na época moderna, da política em biopolítica (na esteira das reflexões de Michel Foucault). O nome "Auschwitz" não é simplesmente o símbolo do horror e da crueldade inéditos que marcaram a História contemporânea com uma mancha indelével; "Auschwitz" também é a prova, por assim dizer, sempre viva de que o *nomos* (a lei, a norma) do espaço político contemporâneo – portanto, não só do espaço político específico do regime nazista – não é mais a bela (e idealizada) construção da cidade comum (*pólis*), mas sim o campo de concentração:

> *O campo é o espaço que se abre quando o estado de exceção começa a tornar-se regra* [...]. Na medida em que os seus habitantes foram despojados de todo estatuto político e reduzidos integralmente à vida nua, o campo é também o mais absoluto espaço biopolítico jamais realizado, no qual o poder não tem diante de si senão a pura vida sem qualquer mediação.[3]

---

[1] *Homo sacer: il potere sovrano e la nuda vita* (Turim, Einaudi, 1995); ed. bras.: *Homo sacer: o poder soberano e a vida nua* (Belo Horizonte, Editora UFMG, 2002).

[2] *Mezzi senza fine: note sulla politica* (Turim, Bollati Boringhieri, 1996) (sem tradução em português).

[3] *Homo sacer: o poder soberano e a vida nua*, cit., p. 175, 177-8. Ver a esse respeito o livro de Peter Pál Pelbart, *Vida capital* (São Paulo, Iluminuras, 2003).

Assim afirma Agamben em *Homo sacer* e *ipsis lettris*, em *Mezzi senza fine*, antecipando uma reflexão sobre o estado de exceção como norma, que será o eixo de *Estado de exceção* (2003)[4].

Mas *O que resta de Auschwitz* também anuncia uma temática teológico-política que deverá se desenvolver no livro seguinte, *Il tempo che resta* (2000)[5], uma bela e erudita interpretação da dimensão messiânica das Epístolas de são Paulo, em particular da Epístola aos Romanos, texto fundante da teologia moderna de Lutero a Karl Barth e Jakob Taubes. A última publicação de Giorgio Agamben, *Il regno e la gloria*[6], só vem reforçar essa vertente do pensamento de Agamben, vertente pouco recebida e comentada no Brasil. Aliás, embora *O que resta de Auschwitz* seja classificado sob a numeração *Homo sacer III*, os livros subsequentes – *Estado de exceção* e *Il regno e la gloria* – trazem, respectivamente, os números *II, 1* e *II, 2*, o que causa no leitor certa confusão, no melhor dos casos uma expectativa intrigada por um *Homo sacer III, 2* ou talvez *IV*.

Se a palavra "Auschwitz" remete, então, à problemática do *Homo sacer*, do estado de exceção e da biopolítica, a expressão enigmática "O que resta" reenvia a um núcleo teológico e messiânico, patente nas duas citações bíblicas em epígrafe ao capítulo 1 ("A testemunha") e nas breves afirmações finais do capítulo 4 ("O arquivo e o testemunho") sobre o Reino e o tempo messiânicos. Agamben desenvolve essa noção bastante peculiar de "resto" a partir daquilo que ele chama, lendo são Paulo, de "contração do tempo", de "situação messiânica por excelência", numa leitura muito livre da passagem da Primeira Epístola aos Coríntios, na qual Paulo declara: "Eis o que vos digo, irmãos: o tempo se fez curto"[7], e numa

---

[4] *Stato di eccezione: homo sacer II, 1* (Turim, Bollati Boringhieri, 2003); ed. bras.: *Estado de exceção: homo sacer II, 1* (São Paulo, Boitempo, 2004).

[5] *Il tempo che resta: un commento alla Lettera ai Romani* (Turim, Bollati Boringhieri, 2000) (sem tradução em português).

[6] *Il regno e la gloria: per una genealogia teologica dell'economia e del governo: homo sacer II, 2* (Vicenza, Neri Pozza, 2007). Agradeço a indicação deste livro a Jonnefer F. Barbosa.

[7] I Cor. 7,29, segundo a tradução da Bíblia de Jerusalém, que traz em nota o seguinte comentário sobre o "tempo curto": "Termo técnico de navegação. Lit: 'o tempo dobrou as suas velas'. Qualquer que seja o intervalo entre o momento presente e a Parousia, perde a importância, dado que, no Cristo ressuscitado, o mundo vindouro já está presente". Agamben comenta essa passagem no seu livro *Il tempo che resta*.

reapropriação do conceito de Walter Benjamin, de *Jetztzeit*, tempo-de-agora, simultaneamente cesura revolucionária e messiânica. *O que resta de Auschwitz* não significa, então, aquilo que ainda poderia sobrar, permanecer desse terrível acontecimento, algo como um famigerado "dever de memória", uma expressão cujos usos e abusos são conhecidos. O resto indica muito mais um hiato, uma lacuna, mas uma lacuna essencial que funda a língua do *testemunho* em oposição às classificações exaustivas do *arquivo*. Nas últimas páginas do livro, Agamben desvia a conhecida citação de Heidegger: "Os poetas – as testemunhas – fundam a língua como o que resta, o que sobrevive em ato à possibilidade – ou à impossibilidade – de falar [...]. Não enunciável, não arquivável é a língua na qual o autor consegue dar testemunho de sua incapacidade de falar"[8].

Assim, podemos entender melhor esse "resto" como aquilo que, no testemunho, solapa a própria eficácia do dizer e, por isso mesmo, institui a verdade de sua fala; e, no tempo humano, como aquilo que solapa a linearidade infinita do *chronos* e institui a plenitude evanescente do tempo-de-agora como *kairos* messiânico.

Insisto nas dificuldades do título deste livro porque elas ajudam a entender as dificuldades de sua leitura. À primeira vista, parece que temos em mãos mais um livro sobre Auschwitz, não um livro histórico – desde a primeira página, o autor nos adverte que a questão das "circunstâncias históricas" já foi devidamente esclarecida pelos historiadores da Shoah – mas um livro sobre as dificuldades do testemunho. Isso é verdade: como todos os livros de "testemunhas" da Shoah (citemos, entre outros, Primo Levi, Robert Antelme, Jorge Semprun ou Jean Améry), trata-se de narrar "o que aconteceu" e de afirmar, ao mesmo tempo, que "o que aconteceu" não faz parte do narrável. Os dois primeiros capítulos de *O que resta de Auschwitz* seguem, *grosso modo*, essa trilha já conhecida; os dois últimos, porém, introduzem reflexões sobre a subjetivação e a vergonha, assim como sobre a linguagem, que escapam do gênero "literatura do testemunho" ou da reflexão teórica a seu respeito. Ou melhor: que desalojam o leitor desse território já bastante explorado e o projetam em direção a especulações filosófico-teológicas que podem muito bem não só aborrecê-lo, mas também irritá-lo (como se sabe, a recepção da obra de Giorgio Agamben é muito controvertida, em particular nos meios

---

[8] Ver p. 161.

judaicos alemães e franceses). Sem prejulgar nem o interesse nem o valor dessas reflexões, gostaria de, no mínimo, assinalar sua presença e o embaraço que podem provocar num leitor mais "engajado", que não procura por interrogações metafísicas, mas que se contentaria com instrumentos de análise e de luta. Ora, mesmo que essas reflexões sejam mais escancaradas nos últimos capítulos, elas subjazem ao livro inteiro. Segundo o autor, o livro não é uma pesquisa histórica, seria mais uma pesquisa sobre ética e testemunho ou ainda mais uma tentativa de "fincar cá e lá algumas estacas que eventualmente poderão orientar os futuros cartógrafos da nova terra ética", cujo primeiro e maior agrimensor, diz Agamben, continua sendo Primo Levi.

Um paradoxo constitutivo rege tal pesquisa. Com efeito, na tradição ocidental, filosofia moral e ética foram sempre definidas pela descrição do "reino das normas", isto é, pela reflexão crítica sobre o estabelecimento de leis/normas/regras (*nomoi*) comuns que deveriam reger a vida em comum dos homens, o domínio dos usos e dos costumes comuns, reflexão crítica sobre a fundamentação de tais normas, sua eventual universalidade, suas possibilidades de validação e/ou de transgressão. Somente assim as normas éticas podem fornecer *limites* constitutivos à ação humana, no duplo sentido da palavra *limites*: podem nos obrigar a obedecer, mas também nos ajudar a dar uma forma construtiva ao turbilhão de nossos desejos[9]. Ora, com a experiência dos campos de concentração acontece uma devastadora ausência de normas; a *administração* nazista estabelece uma "ordem" tão rígida quanto aleatória, os presos são entregues a um arbítrio implacável. Primo Levi conta, por exemplo, que quando chegavam ao campo, os prisioneiros eram separados em doentes e sãos: os primeiros iam diretamente para as câmaras de gás, mas podia acontecer também que os vagões repletos de presos fossem abertos dos dois lados dos trilhos: um lado ia para o trabalho, o outro para a morte. Essa ausência de normas comuns explica também por que os novos detentos foram geralmente derrubados já nos primeiros dias de sua estada no campo. Perdiam tempo e energia em tentar *compreender* aquilo que lhes acontecia, em querer entender que sistema regia o campo, em vez

---

[9] Ver o verbete "Ética" redigido com muita clareza por Paul Ricoeur no *Dicionário de ética e filosofia moral*, org. por Monique Canto-Sperber (São Leopoldo, Unisinos, 2007), 2 v.

de se concentrar, desde o início, no único esforço válido, a saber: tentar sobreviver a qualquer custo, isto é, ao custo do entendimento e, também, da comunicação com os outros.

Essa ausência de normas, de *nomoi*, faz do campo de concentração, paradoxalmente, o "paradigma biopolítico do moderno" (título da terceira parte de *Homo sacer*), um novo *nomos*, portanto, que solapa as condições de possibilidade de uma construção ética clássica. Solapa igual e especialmente a possibilidade de emitir um *juízo* ético a respeito daquilo que aconteceu (o que não é sinônimo de concordância!). Assim, Primo Levi será sempre uma testemunha no sentido restrito de *superstes*, aquele que viveu algo e tenta relatá-lo; ele nunca se coloca na posição de *testis*, de testemunha no sentido de um terceiro entre duas partes, que pode ajudar a julgá-las, segundo a distinção latina evocada por Agamben. Chama a atenção, realmente, que Primo Levi narra sem cair na tentação de julgar e de condenar: não julga os participantes dos *Sonderkommandos*, não julga os *Prominenten*, não julga nem os soldados nazistas, mas, simplesmente, relata e descreve numa voz justamente implacável porque "neutra", dessa neutralidade assustadora que o torna semelhante a Kafka. No seu último livro, *Os afogados e os sobreviventes*, Levi forja até o termo de *impotentia judicandi*[10]. Tampouco dá ele receitas de sobrevivência, em particular não teoriza sobre a necessidade de conservar um mínimo (qual?) de "dignidade humana" para sobreviver, como alguns tentaram conjecturar (Bruno Bettelheim e Jean Améry, entre outros).

Esse questionamento radical das possibilidades normativas não tem somente sua fonte na desorientação brutal à qual foram submetidos os prisioneiros dos campos. Essa atitude também nasce de uma exigência (que talvez possamos, sim, chamar de ética...) de não excluir ninguém do relato, em particular não excluir nenhum "muçulmano", isto é, justamente essa "figura" desprovida de qualquer qualidade geralmente atribuída ao ser humano[11]. A descrição exemplar dos "muçulmanos" no capítulo 9 de *É isto um homem?* (primeiro livro de Primo Levi) expõe sua terrível desfiguração; o "muçulmano" é o preso sem rosto que abdicou da luta,

---

[10] Primo Levi, *Os afogados e os sobreviventes* (Rio de Janeiro, Paz e Terra, 1990), p. 32.

[11] A etimologia dessa expressão "muçulmano" é obscura; da minha parte não consigo não ouvir, em todas laboriosas explicações, como que uma certa desforra de caráter racista na boca das vítimas do antissemitismo.

que não pode mais nem ser chamado de vivo nem de ter uma morte que mereceria esse nome. Figura da extrema desfiguração, o "muçulmano" é o não-homem que habita e ameaça todo ser humano, a redução sinistra da vida humana à vida nua. Por isso, ele é geralmente excluído do relato e da reflexão, já que sua inclusão ameaçaria todas as definições de humanidade vigentes até hoje. Exclusão, *lacuna*, reivindicada por ninguém menos que Jean Améry quando escreve, citado por Agamben:

> O assim chamado *Muselmann*, como era denominado, na linguagem do Lager, o prisioneiro que havia abandonado qualquer esperança e que havia sido abandonado pelos companheiros, já não dispunha de um âmbito de conhecimento capaz de lhe permitir discernimento entre bem e mal, entre nobreza e vileza, entre espiritualidade e não espiritualidade. Era um cadáver ambulante, um feixe de funções físicas já em agonia. Devemos, por mais dolorosa que nos pareça a escolha, excluí-lo da nossa consideração.[12]

Agamben observa que também nos filmes feitos pelos ingleses no Campo de Bergen-Belsen, logo depois da libertação e para fins de documentar o horror, os operadores filmaram os cadáveres amontoados (um *topos* clássico da representação do horror desde a antiguidade), mas se desviaram quando esses semimortos sem rosto apareceram de repente no campo de visão da câmera: os "muçulmanos" são aqueles que não podem nem devem ser vistos, tampouco lembrados, porque sua mera existência ameaça nossas representações mínimas do humano.

A grandeza de Primo Levi consiste em ter recusado esses procedimentos de exclusão (em particular a exclusão em nome da "dignidade humana"), isto é, em ter aceito colocar em questão *as normas éticas e narrativas* de sua prática de testemunha por meio da irrepresentável presença do "muçulmano":

> O muçulmano penetrou em uma região do humano – pois, negar-lhe simplesmente a humanidade significaria aceitar o veredicto das SS, repetindo o seu gesto – onde dignidade e respeito de si não são de nenhuma utilidade, como também não uma ajuda exterior. Se existe, porém, uma região do humano em que tais conceitos não têm sentido, não se

---

[12] Ver p. 49.

trata de conceitos éticos genuínos, porque nenhuma ética pode ter a pretensão de excluir do seu âmbito uma parte do humano, por mais desagradável, por mais difícil que seja de ser contemplada.[13]

Esboça-se aqui, entre as linhas dolorosas de Primo Levi e nos comentários incisivos de Giorgio Agamben, como uma definição de outra ética: não mais uma doutrina das normas (cuja grandeza, mesmo obsoleta, ambos reconhecem), mas uma postura firme e ao mesmo tempo hesitante, incerta, um encarregar-se de transmitir algo que pertence ao sofrimento humano, mas cujo nome é desconhecido. Algo que faz implodir as definições da dignidade humana e as coerências discursivas[14]. Esse encarregar-se lembra também o ato de carregar os mortos, mesmo anônimos, de enterrá-los ou, quando foram reduzidos a cinzas, de mencioná-los e de lembrá-los, mesmo e justamente aqueles que nem nome têm. Tal encargo é altamente arriscado porque ameaça a posição, à primeira vista superior, do sobrevivente. Esse é o "paradoxo de Levi" nas palavras de Agamben, paradoxo que estrutura toda a sua obra e que ele enunciou com toda a clareza no seu último livro:

> Repito, não somos nós, os sobreviventes, as autênticas testemunhas. Esta é uma noção incômoda, da qual tomei consciência pouco a pouco, lendo as memórias dos outros e relendo as minhas muitos anos depois. Nós, sobreviventes, somos uma minoria anômala, além de exígua: somos aqueles que, por prevaricação, habilidade ou sorte, não tocamos o fundo. Quem o fez, quem fitou a górgona, não voltou para contar, ou voltou mudo; mas são eles, os "muçulmanos", os que submergiram – são eles as testemunhas integrais, cujo depoimento teria significado geral.[15]

O paradoxo consiste em afirmar que não pode haver nem verdadeira testemunha nem verdadeiro testemunho, porque os únicos que

---

[13] Ver p. 71.
[14] Escreve Maurice Blanchot sobre o livro de Robert Antelme, *L'espèce humaine*, e sobre o "testemunho" da Shoah: "Impossible aussi, quand on en parle, d'en parler – et finalement comme il n'y a rien à dire que cet événement incompréhensible, c'est la parole seule qui doit le porter sans le dire" (*L'entretien infini*, Paris, Gallimard, 1969, p. 200). Tomo emprestada a Blanchot essa metáfora do "porter"/ "carregar".
[15] Primo Levi, *Os afogados e os sobreviventes*, cit., p. 47.

poderiam ser testemunhas autênticas foram mortos – como o foram os "muçulmanos" e tantos outros[16]. Consiste em declarar que o testemunho do sobrevivente somente repousa sobre essa impossibilidade de autenticidade e sobre o reconhecimento dessa impossibilidade, sobre a consciência aguda de que aquilo que pode – e deve – ser narrado não é essencial, pois o essencial não pode ser dito. Agora, esse não-dizível não remete à bela tradição da teologia negativa ou à estética do sublime, como às vezes alguns teóricos da "literatura de testemunho" gostariam de nos convencer e a si mesmos. Quando são João Crisóstomo, observa Agamben, afirma que Deus é indizível e inenarrável, ele glorifica a grandeza de Deus que, mesmo para os anjos, permanece incompreensível. E quando a contemplação de uma tempestade deixa sem palavras seu espectador, faltam-lhe as palavras próprias ao juízo estético sobre o belo, mas ele poderá inventar outras maneiras de falar. No paradoxo de Primo Levi, a testemunha não pode dizer isso que mereceria ser dito, porque esse "isso" pertence à morte. Essa falta, essa lacuna, esse deslocamento, essa não-coincidência (todos termos de Agamben) *resta* de Auschwitz, essa marca dolorida que desmancha qualquer plenitude discursiva e ameaça o *logos* de desmoronamento:

> Não enunciável, não arquivável é a língua na qual o autor consegue dar testemunho da sua incapacidade de falar. Nela coincide uma língua que sobrevive aos sujeitos que a falam com um falante que fica aquém da linguagem. É a 'treva obscura' que Levi sentia crescer nas páginas de Celan como 'um ruído de fundo'; é a não-língua de Hurbinek (*mass-klo, matisklo*), que não encontra lugar nas bibliotecas do dito, nem no arquivo dos enunciados.[17]

Hurbinek é o nome dado pelos sobreviventes recém-libertos a um menino de uns três anos que se encontra com eles no "campo maior"

---

[16] Nesse contexto, Agamben tem razão de colocar em questão esse pressuposto do paradoxo quando menciona, no fim de *O que resta de Auschwitz*, uma série de "testemunhos" escritos por ex-deportados que se consideram também ex-"muçulmanos", que conseguiram voltar dessa condição. Os depoimentos foram publicados depois da morte de Primo Levi, nos *Auschwitz-Hefte*, por dois pesquisadores.

[17] Ver p. 161.

de Auschwitz, depois da libertação, um menino sem nome e sem fala. Primo Levi relata suas "experiências obstinadas" para aprender a falar, suas "variações experimentais sobre um termo, uma raiz, sobre um nome talvez". O menino não sobrevive, morre "nos primeiros dias de março de 1945, liberto mas não redimido", escreve Levi, que conclui: "Nada resta dele: seu testemunho se dá por meio de minhas palavras"[18]. O menino Hurbinek não conseguiu passar da in-fância (*infans*, que não fala), da idade da não-fala, à juventude loquaz (*puer loquens*, como diz santo Agostinho). Como toda linguagem humana repousa sobre essa separação abissal entre *phonè* e *logos*, entre voz e linguagem, assim também toda vida política em comum, todo *bios*, repousa sobre o abismo da *zoè*, dessa vida nua que nos assemelha aos bichos. O que Auschwitz nos legou também é a exigência, profundamente nova para o pensamento filosófico e, em particular, para a ética, de não nos esquecer nem da infância nem da vida nua: em vez de recalcar essa existência sem fala e sem forma, sem comunicação e sem sociabilidade, saber acolher essa indigência primeva que habita nossas construções discursivas e políticas, que só podem permanecer incompletas.

Campinas, junho de 2008.

---

[18] Primo Levi, *A trégua* (São Paulo, Companhia das Letras, 1998), p. 30-1.

ADVERTÊNCIA

Graças a uma série de investigações cada vez mais amplas e rigorosas, entre as quais o livro de Hilberg ocupa lugar especial, o problema das circunstâncias históricas (materiais, técnicas, burocráticas, jurídicas...) nas quais ocorreu o extermínio dos judeus foi suficientemente esclarecido. Investigações futuras poderão lançar novas luzes sobre cada um dos seus aspectos, mas o quadro geral já se pode considerar estabelecido.

Bem diferente é a situação relativa ao significado ético e político do extermínio, ou mesmo à simples compreensão humana do que aconteceu, a saber, em última análise, à sua atualidade. Neste caso, não só falta algo semelhante a uma tentativa de compreensão global, mas também o sentido e as razões do comportamento dos carrascos e das vítimas; muitas vezes, as suas próprias palavras continuam aparecendo como enigma insondável, reforçando a opinião de quem gostaria que Auschwitz ficasse incompreensível para sempre.

Do ponto de vista do historiador, conhecemos, por exemplo, nos mínimos detalhes, o que acontecia na fase final do extermínio em Auschwitz, a forma como os deportados eram levados às câmaras de gás por um esquadrão composto pelos próprios companheiros (o assim chamado *Sonderkommando*), que, posteriormente, se incumbia de carregar para fora os cadáveres, de lavá-los, de retirar dentes e cabelos dos corpos, para depois, e por fim, introduzi-los nos fornos crematórios. Mesmo assim, tais acontecimentos, que podemos descrever e ordenar cronologicamente um após outro, continuam sendo singularmente opacos quando realmente queremos compreendê-los. Talvez ninguém tenha exposto de maneira mais clara essa distância e esse mal-estar do que Salmen Lewental, membro do *Sonderkommando* que confiou seu testemunho a algumas folhinhas sepultadas junto ao crematório III, que vieram à luz dezessete anos depois da libertação de Auschwitz.

Escreve Lewental, no seu iídiche muito simples: Nenhum ser humano pode imaginar como ocorreram precisamente os acontecimentos, e, de fato, é inimaginável que possam ser descritas exatamente como aconteceram nossas experiências [...] nós – o pequeno grupo de gente obscura que não dará muito trabalho para os historiadores.

Não se trata aqui, obviamente, da dificuldade que experimentamos toda vez que procuramos comunicar a outros as nossas experiências mais íntimas. A dificuldade tem a ver com a própria estrutura do testemunho. Por um lado, o que aconteceu nos campos aparece aos sobreviventes como a única coisa verdadeira e, como tal, absolutamente inesquecível; por outro, tal verdade é, exatamente na mesma medida, inimaginável, ou seja, irredutível aos elementos reais que a constituem. Trata-se de fatos tão reais que, comparativamente, nada é mais verdadeiro; uma realidade que excede necessariamente os seus elementos factuais: é esta a aporia de Auschwitz. Assim está escrito nas folhinhas de Lewental: "a verdade inteira é muito mais trágica, ainda mais espantosa [...]". Mais trágica, mais espantosa em relação a quê?

Pelo menos por um aspecto, porém, Lewental se havia enganado. Pode-se ter certeza de que aquele "pequeno grupo de gente obscura" (obscura deve ser entendido neste caso também no sentido literal de invisível, que não se consegue perceber) nunca deixará de dar trabalho aos historiadores. A aporia de Auschwitz é realmente a própria aporia do conhecimento histórico: a não-coincidência entre fatos e verdade, entre constatação e compreensão.

Entre o querer entender demais e demasiadamente rápido, por parte de quem tem explicação para tudo, e a recusa de entender, por parte dos sacralizadores baratos, insistir nessa separação nos pareceu ser o único caminho praticável. Acrescente-se a tal dificuldade uma outra que tem a ver, especialmente, com quem está acostumado a ocupar-se de textos literários ou filosóficos. Muitos testemunhos – sejam dos carrascos, sejam das vítimas – provêm de pessoas comuns, assim como era gente "obscura" a grande maioria dos que se encontravam nos campos. Uma das lições de Auschwitz consiste precisamente em que entender a mente de um homem comum é infinitamente mais difícil que compreender a mente de Spinoza ou de Dante (é também nesse sentido que deve ser entendida a afirmação de Hannah Arendt, tantas vezes mal-interpretada, sobre "a banalidade do mal").

Talvez os leitores fiquem desiludidos encontrando neste livro muito pouco de novo a respeito do testemunho dos sobreviventes. Na sua forma, ele é, por assim dizer, uma espécie de comentário perpétuo sobre o testemunho. Não nos pareceu possível fazer outra coisa. Contudo, tendo em vista que, a uma certa altura, nos pareceu evidente que o testemunho continha como sua parte essencial uma lacuna, ou seja, que os sobreviventes davam testemunho de algo que não podia ser testemunhado, comentar seu testemunho significou necessariamente interrogar aquela lacuna – ou, mais ainda, tentar escutá-la. Prestar atenção a uma lacuna não se mostrou, para o autor, ser um trabalho inútil. Obrigou-o, antes de mais, a livrar o campo de quase todas as doutrinas que, depois de Auschwitz, tiveram a pretensão de definir-se com o nome de ética. Conforme veremos, quase nenhum dos princípios éticos que o nosso tempo acreditou poder reconhecer como válidos resistiu à prova decisiva, a de uma *Ethica more Auschwitz demonstrata*. Por sua vez, o autor irá se sentir compensado por seu esforço se, na tentativa de identificar o lugar e o sujeito do testemunho, for minimamente capaz de fincar cá e lá algumas estacas que eventualmente poderão orientar os futuros cartógrafos da nova terra ética. Ou então simplesmente se conseguir fazer com que alguns termos, com as quais foi registrada a lição decisiva do século, venham a ser retificados, e que algumas palavras passem a ser esquecidas e outras compreendidas de maneira diferente. Também esse é um modo – quem sabe, talvez o único modo possível – de escutar o não dito.

Naquele dia,
o resto de Israel e os sobreviventes da casa de Jacó
não se apoiarão mais sobre quem os feriu,
mas se apoiarão no Senhor, no Santo de Israel,
com lealdade.
O resto voltará,
o resto de Jacó, para o Deus forte.
Porque, ainda que o teu povo, ó Israel,
fosse como a areia do mar,
só um resto se salvará...

Is. 10, 20-22

Assim também no tempo atual contituiu-se um resto,
segundo a eleição da graça...
E assim todo Israel será salvo...

RM. 11, 5 E 26*

---

* Para manter mais fielmente a terminologia usada pelo autor, preferimos citar os textos bíblicos traduzindo a versão apresentada em italiano, em vez de recorrer a traduções existentes em português. (N. T.)

1
A TESTEMUNHA

1.1 No campo, uma das razões que podem impelir um deportado a sobreviver consiste em tornar-se uma testemunha:

De minha parte, tinha decidido firmemente que, independente do que me viesse a acontecer, não me teria tirado a vida. Queria ver tudo, viver tudo, fazer experiência de tudo, conservar tudo dentro de mim. Com que objetivo, dado que nunca teria tido a possibilidade de gritar ao mundo aquilo que sabia? Simplesmente porque não queria sair de cena, não queria suprimir a testemunha que podia me tornar.[1]

Certamente nem todos, ou melhor, só uma parte ínfima dos detidos invoca para si mesma essa razão. De resto, também pode acontecer que se trate de uma razão cômoda ("gostaria de sobreviver por esse ou aquele motivo, por esse ou aquele objetivo, e se encontram centenas de pretextos. A verdade é que se gostaria de viver a qualquer preço"[2]). Ou então pode tratar-se apenas de vingança ("naturalmente poderia suicidar-me lançando-me sobre a cerca elétrica, isso sempre podemos fazê-lo. Mas eu quero viver. Quem sabe aconteça um milagre e seremos libertados. E então irei me vingar, contarei a todo o mundo o que aconteceu aqui dentro"[3]). Justificar a própria sobrevi-

---

[1] H. Langbein em *Auschwitz: Zeugnisse und Berichte*, org. H. D. Adler, H. Langbein, F. Lingens-Reiner (Hamburg, Europäische, 1994), p. 186.

[2] S. Lewenthal, "Gedenkbuch", *Hefte von Auschwitz*, Oswiecin, n. 1, 1972, p. 148.

[3] W. Sofsky, *L'ordine del terrore: il campo di concentramento* (Roma-Bari, Laterza, 1995), p. 477.

vência não é fácil, menos ainda no campo. Além disso, alguns sobreviventes preferem ficar em silêncio. "Alguns dos meus amigos, amigos que me são muito caros, nunca falam de Auschwitz."[4] No entanto, para outros a única razão de viver é não permitir que a testemunha morra. "Outras pessoas, por sua vez, falam disso sem parar, e sou um deles."[5]

1.2 Um tipo perfeito de testemunha é Primo Levi. Quando volta para casa, entre os homens, conta sem parar a todos o que lhe coube viver. Faz como o Velho Marinheiro da balada de Coleridge:

> Você lembra a cena: o Velho Marinheiro para os convidados ao matrimônio, que não lhe prestam atenção – eles estão pensando no próprio matrimônio –, e os obriga a escutar o seu relato. Pois então, logo depois de ter voltado do campo de concentração, também eu me comportava precisamente assim. Sentia uma necessidade irrefreável de contar a minha história a todo mundo!...Toda ocasião era boa para contar a todos a minha história: ao diretor da fábrica, assim como ao operário, mesmo que eles tivessem outras coisas para fazer. Fiquei precisamente como o Velho Marinheiro. Depois comecei a escrever à máquina durante a noite... Todas as noites escrevia, e isso acabava sendo considerado uma coisa ainda mais louca![6]

Mas ele não se sente escritor; torna-se escritor unicamente para testemunhar. Em certo sentido, nunca se tornou escritor. Em 1963, quando já havia publicado dois romances e vários relatos, frente à pergunta se se considerava um químico ou um escritor, respondeu sem pestanejar: "Ah, um químico, sejamos bem claros, não confundamos as coisas". O fato de que com o passar do tempo, e quase apesar dele, tenha acabado por tornar-se tal, escrevendo livros que nada têm a ver com seu testemunho, o deixa profundamente mal: "Depois escrevi... adquiri o vício de escrever". "Neste meu último livro, *La chiave a Stella*, despi-me completamente da minha qualidade de testemunha... Com isso não renego nada; não deixei de ser um ex-deportado, uma testemunha...".

---

[4] P. Levi, *Conversazioni e interviste* (Torino, Einaudi, 1997), p. 224.
[5] Idem.
[6] Ibidem, p. 224 ss.

Sentindo de perto esse mal-estar, é que eu o encontrei nas reuniões da editora Einaudi. Ele podia sentir-se culpado por ter sobrevivido, não por ter testemunhado. "Estou em paz comigo porque testemunhei."[7]

1.3. Em latim, há dois termos para representar a testemunha. O primeiro, *testis*, de que deriva o nosso termo testemunha, significa etimologicamente aquele que se põe como terceiro (*terstis) em um processo ou em um litígio entre dois contendores. O segundo, *superstes*, indica aquele que viveu algo, atravessou até o final um evento e pode, portanto, dar testemunho disso. É evidente que Levi não é um terceiro; ele é, em todos os sentidos, um supérstite. Mas isso também significa que o seu testemunho não tem a ver com o estabelecimento dos fatos tendo em vista um processo (ele não é suficientemente neutro para tal, não é um *testis*). Em última análise, não é o julgamento que lhe importa – menos ainda o perdão. "Eu nunca compareço como juiz"; "eu não tenho a autoridade de conceder o perdão... estou sem autoridade."[8] Aliás, parece que lhe interessa apenas o que torna impossível o julgamento, a zona cinzenta em que as vítimas se tornam carrascos, e os carrascos, vítimas. É sobretudo a respeito disso que os sobreviventes estão de acordo: "Vítima e carrasco são igualmente ignóbeis; a lição dos campos é a fraternidade da abjeção"[9].

Não se trata de não se poder ou não se dever emitir um julgamento. "Se tivesse tido diante de mim um Eichmann, o teria condenado à morte." "Se cometeram um crime, então devem pagar." Decisivo é apenas que as duas coisas não sejam confundidas, que o direito não pretenda esgotar a questão. Há uma consistência não jurídica da verdade, na qual a *quaestio facti* nunca poderá ser reduzida à *quaestio iuris*. Cabe ao sobrevivente precisamente isso: tudo o que leva uma ação humana para além do direito, o que a subtrai radicalmente ao Processo. "Cada um de nós pode ser processado, condenado e executado sem nem sequer saber o porquê."[10]

---

[7] Ibidem, p. 102, 258, 167 e 219, respectivamente.
[8] Ibidem, p. 77 e 236, respectivamente.
[9] Rousset apud P. Levi, ibidem, p. 216.
[10] Ibidem, p. 144, 236 e 75, respectivamente.

1.4. Um dos equívocos mais comuns – e não só a propósito do campo – é a tácita confusão entre categorias éticas e categorias jurídicas (ou, pior ainda, entre categorias jurídicas e categorias teológicas: a nova teodiceia). Quase todas as categorias de que nos servimos em matéria moral ou religiosa são de algum modo contaminadas com o direito: culpa, responsabilidade, inocência, julgamento, absolvição... Isso torna difícil usá-las sem precauções bem específicas. Como os juristas sabem muito bem, acontece que o direito não tende, em última análise, ao estabelecimento da justiça. Nem sequer ao da verdade. Busca unicamente o julgamento. Isso fica provado para além de toda dúvida pela *força da coisa julgada*, que diz respeito também a uma sentença injusta. A produção da *res judicata* – com a qual a sentença substitui o verdadeiro e o justo, vale como verdadeira a despeito da sua falsidade e injustiça – é o fim último do direito. Nessa criatura híbrida, a respeito da qual não é possível dizer se é fato ou norma, o direito encontra paz; além disso ele não consegue ir.

Em 1983, o editor Einaudi pediu a Levi que traduzisse *O processo*, de Kafka. Sobre *O processo* já foram dadas infindas interpretações, que sublinham o seu caráter profético-político (a burocracia moderna como mal absoluto) ou teológico (o tribunal é o Deus desconhecido) ou biográfico (a condenação é a doença de que Kafka sabia estar sofrendo). Raramente se observou que esse livro, no qual a lei se apresenta unicamente na forma do processo, traz uma intuição profunda sobre a natureza do direito, que aqui não se apresenta – segundo a opinião comum – tanto como norma, quanto como julgamento e, portanto, processo. Ora, se a essência da lei – de toda lei – é o processo, se todo direito (e a moral que está contaminada por ele) é unicamente direito (e moral) processual, então execução e transgressão, inocência e culpabilidade, obediência e desobediência se confundem e perdem importância. "O tribunal não quer nada de ti. Acolhe-te quando vens e te deixas partir, quando vais embora." A finalidade última da norma consiste em produzir um julgamento; este, porém, não tem em vista nem punir nem premiar, nem fazer justiça nem estabelecer a verdade. O julgamento é em si mesmo a finalidade, e isso – já foi dito – constitui o seu mistério, o mistério do processo.

Uma das consequências que é possível tirar dessa natureza autorreferencial do julgamento – e quem a tirou foi um grande jurista italiano – é que a pena não é consequência do julgamento, mas que ele mesmo é a pena (*nullum judicium sine poena*). "Poder-se-ia dizer até que a pena completa está no julgamento; que a pena infligida – o cárcere, o carrasco – interesse apenas enquanto for, por assim dizer, prolongamento do julgamento (pense-se no termo *justiçar*)."[11] Isso significa também que "a sentença de absolvição é a confissão de um erro judicial", que "cada um é intimamente inocente", mas que o único verdadeiro inocente "não é quem acaba sendo absolvido, e sim quem passa pela vida sem julgamento"[12].

1.5. Se isso for verdade – e o sobrevivente sabe que é – então é possível que precisamente os processos (os doze processos celebrados em Nuremberg, além de outros que se realizaram dentro e fora dos confins da Alemanha, até aquele de 1961, em Jerusalém, que se concluiu com o enforcamento de Eichmann e deu início a uma nova série de processos na República Federal) sejam responsáveis pela confusão das inteligências que, durante decênios, impediu de se pensar Auschwitz. Por mais que tais processos tenham sido necessários e para além da sua notória insuficiência (envolveram, afinal de contas, poucas centenas de pessoas), contribuíram no entanto para difundir a ideia de que o problema já estivesse superado. As sentenças tinham sido dadas por julgadas, e as provas da culpa estavam definitivamente estabelecidas. À parte alguma mente lúcida, muitas vezes isolada, precisou-se de quase meio século para entender que o direito não havia esgotado o problema, mas que, se muito, este era tão grande a ponto de pôr em questão o próprio direito, de levá-lo à própria ruína.

Há também vítimas ilustres da confusão entre direito e moral assim como entre teologia e direito. Uma delas é Hans Jonas, o filósofo aluno de Heidegger, que se especializou em problemas éticos. Em 1984, por ocasião da entrega do prêmio Lucas, ele se ocupou de Auschwitz. E o fez formulando uma nova teodiceia, perguntando-se

---

[11] S. Satta, *Il mistero del processo* (Milano, Adelphi, 1994), p. 26.
[12] Ibidem, p. 27.

como foi possível que Deus tenha tolerado Auschwitz. A teodiceia é um processo que não procura definir as responsabilidades dos homens, mas aquelas de Deus. Como todas as teodiceias, também esta acaba com uma absolvição.

O infinito (Deus) despiu-se inteiramente da sua onipotência no finito. Ao criar o mundo, Deus, por assim dizer, lhe confiou a sua própria sorte, tornou-se impotente. E depois de ter-se dado totalmente no mundo, nada mais tem a oferecer-nos: cabe agora ao homem dar. O homem pode fazê-lo cuidando para que não aconteça, ou não aconteça com demasiada frequência que, por causa do homem, Deus deva lamentar o fato de ter permitido que o mundo exista.

O vício conciliatório de toda teodiceia aqui adquire uma evidência especial. Além de não nos dizer nada de Auschwitz, nem sobre as vítimas, nem sobre os carrascos, nem sequer consegue evitar o final feliz. Por detrás da impotência de Deus, aparece a dos homens, que repetem o seu *plus jamais ça!*, quando já está claro que o *ça* está por todo lado.

1.6. Também o conceito de responsabilidade está irremediavelmente contaminado com o direito. Sabe-o qualquer um que tenha tentado servir-se dele fora do âmbito jurídico. Em todo caso, a ética, a política e a religião puderam definir-se unicamente ao roubarem terreno à responsabilidade jurídica, não, porém, para assumirem responsabilidades de outro tipo, mas sim ampliando zonas de não-responsabilidade. Isso, naturalmente, não significa impunidade. Significa, isso sim – pelo menos no caso da ética –, dar de frente com uma responsabilidade infinitamente maior do que aquela que algum dia pudéssemos assumir. No máximo, podemos ser-lhe fiéis, ou seja, reivindicar a sua não-asssumibilidade.

A descoberta inaudita que Levi fez em Auschwitz diz respeito a um assunto refratário a qualquer identificação de responsabilidade: ele conseguiu isolar algo parecido com um novo elemento ético. Levi denomina-o de "zona cinzenta". Ela é aquela da qual deriva a "longa cadeia de conjunção entre vítimas e algozes", em que o oprimido se torna opressor e o carrasco, por sua vez, aparece como vítima. Trata-se de uma alquimia cinzenta, incessante, na qual o bem e o mal e, com eles, todos os metais da ética tradicional alcançam o seu ponto de fusão.

Trata-se, portanto, de uma zona de irresponsabilidade e de *"impotentia judicandi"*[13], que não se situa *além* do bem e do mal, mas está, por assim dizer, *aquém* dos mesmos. Por meio de um gesto simetricamente oposto ao de Nietzsche, Levi deslocou a ética para aquém do lugar em que estamos acostumados a pensá-la. E, sem que consigamos dizer por que motivo, percebemos que esse aquém é mais importante do que qualquer além, que o sub-homem deve interessar-nos bem mais do que o super-homem. Essa infame zona de irresponsabilidade é o nosso primeiro círculo do qual confissão alguma nos conseguirá arrancar e no qual, minuto após minuto, é debulhada a lição da temível *banalidade do mal*, que desafia as palavras e os pensamentos[14].

1.7. O verbo latino *spondeo*, do qual deriva nosso termo "responsabilidade", significa "apresentar-se como fiador de alguém (ou de si mesmo) com relação a algo perante alguém". Sendo assim, na promessa de matrimônio, pronunciar a fórmula *spondeo* significa para o pai empenhar-se em oferecer ao pretendente, como mulher, a própria filha (que, por isso era chamada *sponsa*) ou em garantir uma reparação se isso não acontecesse. Aliás, no direito romano mais antigo, era costume o homem livre poder constituir-se como refém – ou seja, em estado de prisão, de onde surge o termo *obligatio* – a fim de garantir a reparação de um erro ou o cumprimento de uma obrigação. (O termo *sponsor* indicava quem se apresentar como substituto do *reus*, prometendo oferecer, em caso de descumprimento, a prestação devida.)

O gesto de assumir responsabilidade é, portanto, genuinamente jurídico, e não ético. Ele não expressa nada de nobre e luminoso, mas simplesmente o fato de ligar-se em favor de alguém [*ob-ligar-si*], de entregar-se como prisioneiro para garantir uma dívida, em cenário no qual o vínculo jurídico ainda estava ligado intrinsecamente ao corpo do responsável. Como tal, ele está estreitamente vinculado ao conceito de *culpa* que, em sentido lato, indica a imputabilidade

---

[13] P. Levi, *Os afogados e os sobreviventes: os delitos, os castigos, as penas, as impunidades* (Rio de Janeiro, Paz e Terra, 1990), p. 32.

[14] H. Arendt, *Eichmann em Jerusalém: um relato sobre a banalidade do mal* (São Paulo, Companhia das Letras, 2007).

de um dano (por esse motivo, os romanos excluíam que pudesse haver culpa com respeito a si mesmo: *quod quis ex culpa sua damnum sentit, non intelligitur damnum sentire* – o dano que cada um causa a si próprio por sua culpa não é juridicamente relevante). Responsabilidade e culpa exprimem, assim, simplesmente dois aspectos da imputabilidade jurídica e só num segundo momento foram interiorizados e transferidos para fora do direito. Disso nascem a insuficiência e a opacidade de toda doutrina ética que tenha a pretensão de se fundamentar nestes dois conceitos. (Isso vale tanto para Jonas, que procurou formular um verdadeiro "princípio de responsabilidade", quanto, talvez, para Levinas, que, de maneira muito mais complexa, transformou o gesto do *sponsor* no gesto ético por excelência.) Tal insuficiência e tal opacidade emergem com clareza cada vez que se trata de delinear as fronteiras que separam a ética do direito. Eis dois exemplos, muito distantes entre si no que diz respeito à gravidade dos fatos em jogo, mas que coincidem quanto ao *distinguo* que ambos parecem implicar.

Durante o processo de Jerusalém, o constante fio condutor da defesa de Eichmann foi expresso claramente pelo seu advogado, Robert Servatius, com as seguintes palavras: "Eichmann sente-se culpado perante Deus, não frente à lei". De fato, Eichmann (cuja participação no extermínio dos judeus estava amplamente comprovada, embora, provavelmente, com um papel diverso daquele sustentado pela acusação) chegou até mesmo a declarar que queria "enforcar-se em público" a fim de "libertar os jovens alemães do peso da culpa"; contudo, ele continuou sustentando até o fim que sua culpa frente a Deus (que para ele era apenas um *Höheren Sinnesträger*, o mais alto portador de sentido) não era juridicamente identificável. O único sentido possível para este *distinguo*, tão insistentemente afirmado, consistia em que, com toda evidência, o fato de assumir uma culpa moral aparecia frente aos olhos do imputado como algo eticamente nobre, enquanto não estivesse disposto a assumir uma culpa jurídica (culpa que, do ponto de vista ético, teria podido ser bem menos grave).

Recentemente, um grupo de pessoas que fizeram parte de uma organização política de extrema direita publicou em jornal um comunicado em que declarou a própria responsabilidade política e moral no caso do assassinato de um comissário de polícia ocorrido há vinte anos. "Tal responsabilidade, contudo – dizia o comunicado – não pode ser transformada [...] em responsabilidade de ordem penal." Importa lembrar, nesse caso, que o fato de assumir uma responsabilidade moral só tem algum valor no caso em que se está disposto a sofrer suas consequências jurídicas. É disso que, de algum modo, os autores do comunicado parecem suspeitar, tendo em conta que, em passagem significativa, assumem uma responsabilidade que soa como algo inconfundivelmente jurídico, ao afirmarem que contribuíram "para criar um clima que levou ao assassínio" (mas o delito em questão, a incitação ao crime, fica naturalmente prescrito). Em todos os tempos, foi considerado nobre o gesto de quem assume para si uma culpa jurídica de que é inocente (Salvo d'Acquisto), enquanto o ato de assumir uma responsabilidade política ou moral sem consequências jurídicas sempre caracterizou a arrogância dos poderosos (Mussolini, no caso do delito Matteoti). Atualmente, na Itália, tais modelos acabaram invertidos e o ato contrito de assumir responsabilidades morais é invocado em qualquer ocasião para isentar de responsabilidades jurídicas.

A confusão entre categorias éticas e categorias jurídicas (com a lógica do arrependimento que a mesma implica) é, neste caso, absoluta. Está na origem dos numerosos suicídios praticados para escapar de um processo (e não só por parte dos criminosos nazistas), em que a tácita assunção de uma culpa moral teria a pretensão de redimir-se daquela jurídica. Convém lembrar que a primeira responsável por essa confusão não é a doutrina católica, que, aliás, conhece um sacramento cuja finalidade consiste em libertar o pecador com relação à culpa, mas a ética laica (na sua versão moderada e farisaica, que é a dominante). Após ter alçado as categorias jurídicas a categorias éticas supremas e ter, assim, confundido irremediavelmente os papéis, ela ainda gostaria de recorrer ao seu *distinguo*. Mas a ética é a esfera que não conhece culpa nem responsabilidade: ela é, como o sabia Spinoza, a doutrina da vida feliz. Assumir uma culpa e uma responsabilidade – o que, às vezes, pode ser necessário fazer – significa sair do âmbito da ética para ingressar no do Direito. Quem procurou dar esse difícil passo não pode ter a pretensão de voltar a entrar pela porta que acabou de fechar atrás de si.

1.8. A figura extrema da "zona cinzenta" é o *Sonderkommando*. As SS recorriam a esse eufemismo – Esquadrão Especial – para nomear o grupo de deportados a quem era confiada a gestão das câmaras de gás e dos fornos crematórios. Eles deviam levar os prisioneiros nus à morte nas câmaras de gás e manter a ordem entre os mesmos; depois arrastar para fora os cadáveres, manchados de rosa e de verde em razão do ácido cianídrico, lavando-os com jatos de água; verificar se nos orifícios dos corpos não estavam escondidos objetos preciosos; arrancar os dentes de ouro dos maxilares; cortar os cabelos das mulheres e lavá-los com cloreto de amônia; transportar depois os cadáveres até os fornos crematórios e cuidar da sua combustão; e, finalmente, tirar as cinzas residuais dos fornos.

Sobre esses Esquadrões, boatos vagos e truncados já circulavam entre nós durante o confinamento e foram confirmados mais tarde pelas outras fontes mencionadas anteriormente, mas o horror intrínseco dessa condição humana impôs a todos os testemunhos uma espécie de pudor; por isso, ainda hoje é difícil construir uma imagem do que "significava" ser forçado a exercer esse ofício durante meses. [...] Um deles declarou: "Ao realizar esse trabalho, ou se enlouquece no primeiro dia, ou então se acostuma". Mas outro disse: "Por certo, teria podido matar-me ou me deixar matar; mas eu queria sobreviver, para vingar-me e para dar testemunho. Vocês não devem acreditar que nós somos monstros; somos como vocês, só que muito mais infelizes". [...] De homens que conheceram essa destituição extrema não se pode esperar um depoimento no sentido jurídico do termo, e sim algo que fica entre o lamento, a blasfêmia, a expiação e o esforço de justificativa, de recuperação de si mesmos. [...] Ter concebido e organizado os Esquadrões foi o delito mais demoníaco do nacional-socialismo.[15]

Aliás, Levi relata que uma testemunha, Miklos Nyiszli, um dos poucos sobreviventes do último esquadrão especial de Auschwitz, contou que assistiu, durante uma pausa do "trabalho", a um jogo de futebol entre SS e representantes do *Sonderkommando*.

[...] à partida assistem outros soldados SS e o resto do Esquadrão, torcendo, apostando, aplaudindo, encorajando os jogadores, como se a

---

[15] P. Levi, *Os afogados e os sobreviventes*, cit., p. 27-8.

partida se desenrolasse não diante das portas do inferno, mas num campo de aldeia.¹⁶

Essa partida poderá parecer a alguém como se fosse uma breve pausa de humanidade em meio a um horror infinito. Aos meus olhos, porém, como aos das testemunhas, tal partida, tal momento de normalidade, é o verdadeiro horror do campo. Podemos, talvez, pensar que os massacres tenham terminado – mesmo que cá ou lá se repitam, não muito longe de nós. Mas aquela partida nunca terminou, é como se continuasse ainda, ininterruptamente. Ela é o emblema perfeito e eterno da "zona cinzenta" que não conhece tempo e está em todos os lugares. Dela provêm a angústia e a vergonha dos sobreviventes, "a angústia – inscrita em cada qual – do *tòhu vavòhu**, do universo deserto e vazio, esmagado sob o espírito de Deus, mas do qual o espírito do homem está ausente: ainda não nascido ou já extinto"¹⁷. Mas dela também provém a nossa vergonha, de nós que não conhecemos os campos e que, mesmo assim, assistimos, não se sabe como, àquela partida que se repete em cada partida dos nossos estádios, em cada transmissão televisiva, em cada normalidade cotidiana. Se não conseguirmos entender aquela partida, acabar com ela, nunca mais haverá esperança.

1.9. No grego, testemunha é *martis*, mártir. Os primeiros padres da Igreja derivaram daí o termo *martirium*, a fim de indicar a morte dos cristãos perseguidos que, assim, davam testemunho de sua fé. O que aconteceu nos campos pouco tem que ver com o martírio. A respeito disso, os sobreviventes são unânimes: "Chamando as vítimas dos nazistas de 'mártires', falsificamos seu destino"¹⁸. Há, no entanto, dois pontos em que as duas coisas parecem aproximar-se.

---

¹⁶ Ibidem, p. 29.

* "*Tòhu vavòhu*" é transcrição do hebraico do livro do Gênesis (1,2), representando a situação em que se encontra a terra ("sem forma e vazia"), logo depois de ter sido criada por Deus. "No princípio criou Deus os céus e a terra. A terra, porém, era sem forma e vazia [*tòhu vavòhu*]..." (Gen., 1,1-2). (N. T.)

¹⁷ P. Levi, *Os afogados e os sobreviventes*, cit., p. 48.

¹⁸ B. Bettelheim, *Sobrevivência e outros estudos* (Porto Alegre, Artes Médicas, 1989), p. 92.

O primeiro diz respeito ao próprio termo grego, que deriva de um verbo que significa "recordar". O sobrevivente tem a vocação da memória, não pode deixar de recordar.

> As recordações do meu cativeiro estão muito mais vivas e detalhadas do que qualquer outra coisa que aconteceu antes ou depois. Conservo uma memória visual e acústica das experiências de lá que não consigo explicar [...] ficaram-me gravadas na mente, como se estivessem numa fita magnética, frases em línguas que não conheço, em polonês ou em húngaro; ao repeti-las a poloneses e a húngaros, me disseram que tais frases têm sentido. Por algum motivo que não conheço, aconteceu-me algo de anômalo, diria quase uma preparação inconsciente para testemunhar.[19]

Mas no segundo ponto o contato é mais íntimo e instrutivo. A leitura dos primeiros textos cristãos sobre o martírio – por exemplo, o *Scorpiace* de Tertuliano* – traz de fato ensinamentos inesperados. Os padres tinham frente a si grupos heréticos que rejeitavam o martírio porque ele constituía, na opinião deles, uma morte totalmente insensata (*perire sine causa* – perecer sem causa). Que sentido podia ter professar a fé diante dos homens – os perseguidores e os algozes – que acerca desta profissão não teriam entendido nada? Deus não podia querer o insensato. "Inocentes devem padecer destas coisas?... Cristo imolou-se por nós uma vez para sempre, foi morto uma vez para sempre, justamente para que nós não fôssemos mortos. Se ele me pede em troca o mesmo, seria talvez porque também ele espera salvação com a minha morte? Ou talvez se deveria pensar que Deus pede o sangue dos homens precisamente quando ele rejeita o dos touros e dos cabritos? Como poderia ele desejar a morte de quem

---

[19] P. Levi, *Conversazioni e interviste*, cit., p. 225 e 220, respectivamente.

* Quinto Septímio Florêncio Tertuliano (ca. 155-220) é um dos mais importantes e originais autores eclesiásticos latinos. Diz-se que foi o primeiro a usar o termo *trinitas* (trindade). Sempre polêmico na luta contra pagãos, judeus, hereges, gnósticos. Tertuliano é autor de muitos textos em defesa da verdade cristã, embora tenha no final da vida rompido com a Igreja e se filiado à seita dos montanistas. *Scorpiace* é o título da obra em que procura apresentar um antídoto contra o veneno do escorpião das heresias gnósticas para defender, mais uma vez, a Igreja. (N. T.)

não é pecador?"²⁰. A doutrina do martírio nasce, portanto, para justificar o escândalo de uma morte insensata, de uma carnificina que não podia deixar de parecer absurda. Diante do espetáculo de uma morte aparentemente *sine causa*, a referência a Lc 12, 8-9 e a Mt. 10, 32-33 ("todo aquele que me confessar diante dos homens, também eu o confessarei diante de meu Pai; e aquele que me negar diante dos homens, também eu o renegarei diante de meu Pai") permitia que se interpretasse o martírio como um mandamento divino e que se encontrasse assim uma razão para o irracional.

Mas isso tem muito a ver com os campos. Com efeito, nos campos, o extermínio – para o qual talvez fosse possível encontrar precedentes – apresenta-se, porém, em formas que o tornam absolutamente sem sentido. Também a respeito disso os sobreviventes se acham concordes. "A nós mesmos, o que se tinha a dizer então começou a parecer *inimaginável*."²¹ "Todas as tentativas de explicação [...] fracassaram radicalmente".²² "Irritam-me as tentativas de alguns extremistas religiosos que interpretam o extermínio à maneira dos profetas: uma punição para os nossos pecados. Não! Isso não o aceito. O fato de ser insensato torna-o mais espantoso."²³

O infeliz termo "holocausto" (frequentemente com H maiúsculo) origina-se dessa inconsciente exigência de justificar a morte *sine causa*, de atribuir um sentido ao que parece não poder ter sentido: "Desculpe: eu uso esse termo Holocausto de má vontade, pois não me agrada. Uso-o, porém, para nos entendermos. Filologicamente está errado [...]". "Trata-se de um termo que, quando nasceu, me deixou muito incomodado; posteriormente eu soube que foi o próprio Wiesel que o forjou, depois, porém, ele se arrependeu disso e teria querido retirá-lo".²⁴

1.10. Até mesmo a história de um termo equivocado pode ser instrutiva. "Holocausto" é a transcrição douta do latino *holocaustum*,

---

[20] Tertulliano, *Scorpiace*, org. G. Azzali Bernardelli (Firenze, Nardini, 1990), p. 63-5.
[21] R. Antelme, *La specie umana* (2. ed., Torino, Einaudi, 1976), p. V.
[22] J. Améry, *Un intelletuale ad Auschwitz* (Torino, Bollati Boringhieri, 1987), p. 16.
[23] P. Levi, *Conversazioni e interviste*, cit., p. 219.
[24] Ibidem, p. 243 e 219, respectivamente.

que, por sua vez, traduz o termo grego *holókaustos* (um adjetivo que significa literalmente "todo queimado"; o substantivo grego correspondente é *holokaústoma*). A história semântica do termo é essencialmente cristã, pois os padres da Igreja serviram-se dele a fim de traduzirem – na verdade sem muito rigor e coerência – a complexa doutrina sacrifical da Bíblia (especialmente dos livros do Levítico e dos Números). O Levítico reduz todos os sacrifícios a quatro formas fundamentais: *olah, hattat, shelamin, minha*.

Os nomes de duas delas são significativos. O *hattât* era o sacrifício que servia particularmente para expiar o pecado chamado *hattât* ou *hataah*, do qual o *Levítico* nos oferece uma definição infelizmente bastante vaga. O *shelamin* (segundo os Setenta, versão grega da Bíblia, θυσια ειρηνιχη) é um sacrifício comunial, sacrifício comunial, sacrifício de ação de graças, de aliança, de voto. Quanto aos termos *ôlâ* e *minhâ*, são puramente descritivos. Cada um deles lembra uma das operações particulares do sacrifício: o segundo, a apresentação da vítima, caso ela seja de natureza vegetal; o primeiro, o envio da oferta à divindade.[25]

A Vulgata traduz de forma geral *olah* como *holocaustum* (*holocausti oblatio*), *hattat* como *oblatio, shelamin* (de *shalom*, paz) como *hostia pacificorum, minha* como *hostia pro peccato*. Da Vulgata, o termo *holocaustum* passa aos padres latinos, que usam o termo, nos numerosos comentários do texto sagrado, sobretudo para indicar os sacrifícios dos Hebreus (cf. em Hil., *In Psalm*. 65, 23: *holocausta sunt integra hostiarum corpora, quia tota ad ignem sacrificii deferebantur, holocausta sunt nuncupata**). Importa aqui sobretudo chamar a atenção para dois fatos. O primeiro, de que o termo, no sentido próprio, é precocemente usado pelos padres como arma polêmica contra os Hebreus, a fim de condenarem a inutilidade dos sacrifícios cruentos (valha por todos Tertuliano, quando se refere a Marcião: *Adv Marc*. 5,5: *quid stultius* [...] *quam sacrificiorum cruentorum et holocaustomatum nidorosurum a deo exactio?* – O que há de mais es-

---

[25] M. Mauss e H. Hubert, *Sobre o sacrifício* (São Paulo, Cosac Naify, 2005).

* "Holocaustos são os corpos íntegros das vítimas, porque todos são destinados ao fogo do sacrifício." (N. T.)

túpido [...] do que um deus que exige sacrifícios cruentos e holocaustos com cheiro de queimado?" – cf. também Aug., *C. Faustum*, 19, 4). O segundo, de que o termo é extensivo, por metáfora, aos mártires cristãos, com o objetivo de equiparar o seu suplício a um sacrifício (Hil., *In Psalm*. 65,23: *martyres in fidei testimonium corpora sua holocausta voverunt**), enquanto o próprio sacrifício de Cristo na cruz é definido como holocausto (Agostinho, *In Evang. Joah.* 41,5: *se in holocaustum obtulerit in cruce Iesus*; Rufin, *Orig.* in Lev. I,4: *holocaustum* [...] *carnis eius per lignum cruces oblatum***).

A partir daqui o termo holocausto começará a migração semântica que o levará a assumir, de modo cada vez mais consistente, nas línguas vulgares, o significado de "sacrifício supremo, no marco de uma entrega total a causas sagradas e superiores", registrado pelos léxicos contemporâneos. Ambos os significados, o próprio e o metafórico, aparecem unidos em Bandello (2,24): "suprimiram-se os sacrifícios e holocaustos dos terneiros, dos cabritos e dos outros animais, em cujo lugar agora se oferece esse imaculado e precioso cordeiro do verdadeiro corpo e sangue do universal redentor e salvador senhor Jesus Cristo". O significado metafórico aparece testemunhado em Dante (Paraíso, 14, 89: "[...] fiz holocausto a Deus", referido à prece do coração), em Savonarola, e depois, de maneira sucessiva, até Délfico ("muitos oferecendo-se em perfeito holocausto à pátria"), e Pascoli ("no sacrifício, necessário e doce, alcançando o holocausto, reside para mim a essência do cristianismo").

Também o uso do termo em sentido polêmico contra os judeus havia continuado a sua história, apesar de se tratar de uma história mais secreta, não registrada nos léxicos. No decurso das minhas investigações sobre a soberania, dei-me casualmente com uma passagem de um cronista medieval, que constitui a primeira acepção por mim conhecida do termo "holocausto", com referência a um massacre de judeus, mas, nesse caso, com uma conotação violentamente antissemita. Richard de

---

*   Para testemunhar a fé, os mártires comprometem-se ardentemente a destinar seus corpos como holocausto. (N.T.)

** "Jesus ofereceu-se na cruz em holocausto"; "o holocausto da sua carne oferecido pelo lenho da cruz..." (N.T.)

Duizes testemunha que, no dia da coroação de Ricardo I (1189), os londrinos entregaram-se a um *pogrom* particularmente cruento:

> No mesmo dia da coroação do rei, perto da hora em que o Filho havia sido imolado ao Pai, começou-se na cidade de Londres a imolar os judeus ao seu pai o demônio (*incoeptum est in civitate Londoniae immolare judaeos patri suo diabolo*); e a celebração deste mistério durou tanto que o holocausto não pôde ser completado antes do dia seguinte. E as demais cidades e localidades da região imitaram a fé dos londrinos, e, com igual devoção, expediram ao inferno, no sangue, os seus sanguessugas (*pari devotione suas sanguisugas cum sanguine transmiserunt ad inferos*).[26]

A formação de um eufemismo, ao implicar a substituição da expressão própria por algo de que, realmente, não se quer ouvir falar, com uma expressão atenuada ou alterada, sempre traz consigo ambiguidades. Nesse caso, porém, a ambiguidade vai muito além. Inclusive os judeus recorrem a um eufemismo para indicar o extermínio. Trata-se do termo *shoá*, que significa "devastação, catástrofe" e, na Bíblia, implica muitas vezes a ideia de uma punição divina ("Pois bem, que fareis no dia da visitação, quando a ruína vier de longe?"). Mesmo que seja provavelmente a esse termo que se refere Levi, ao falar da tentativa de interpretar o extermínio como uma punição pelos nossos pecados, o eufemismo aqui não contém escárnio algum. Pelo contrário, no caso do termo "holocausto", estabelecer uma vinculação, mesmo distante, entre Auschwitz e o *olah* bíblico, e entre a morte nas câmaras de gás e a "entrega total a causas sagradas e superiores" não pode deixar de soar como uma zombaria. O termo não só supõe uma inaceitável equiparação entre fornos crematórios e altares, mas acolhe uma herança semântica que desde o início traz uma conotação antijudaica. Por isso, nunca faremos uso deste termo. Quem continua a fazê-lo, demonstra ignorância ou insensibilidade (ou uma e outra coisa ao mesmo tempo).

1.11. Quando, alguns anos atrás, publiquei em jornal francês um artigo sobre os campos de concentração, alguém escreveu ao diretor do

---

[26] S. Bertelli, "Lex animata in terris", em F. Cardini (org.), *La città e il sacro* (Milão, Garzanti-Schewiller, 1994), p. 131.

jornal uma carta em que me acusava de ter pretendido, com minhas análises, *ruiner la caractère unique et indicible de Auschwitz* [arruinar o caráter único e indizível de Auschwitz]. Muitas vezes perguntei-me sobre o que poderia ter em mente o autor da carta. É muito provável que Auschwitz tenha sido um fenômeno único (pelo menos com respeito ao passado, enquanto com respeito ao futuro se pode apenas esperá-lo).

Até o momento em que escrevo, e não obstante o horror de Hiroshima e Nagasaki, da vergonha dos Gulags, a inútil e sangrenta campanha do Vietnã, o autogenocídio cambojano, os desaparecidos na Argentina, e as muitas guerras atrozes e estúpidas a que em seguida assistimos, o sistema concentracionário nazista permanece sendo um *unicum,* em termos quantitativos e qualitativos.[27]

Mas por que indizível? Por que atribuir ao extermínio o prestígio da mística?

No ano 386 de nossa era, João Crisóstomo compõe em Antioquia o seu tratado *Sobre a incompreensibilidade de Deus.* Ele tinha diante de si adversários que defendiam que a essência de Deus podia ser entendida, pois "tudo o que Ele sabe de si, nós o encontramos facilmente também em nós". Ao sustentar vigorosamente, contra eles, a absoluta incompreensibilidade de Deus, que é "indizível" (*arrhetos*), "inenarrável" (*anekdiégetos*) e "indescritível" (*anepigraptòs*), João Crisóstomo sabe muito bem que precisamente isso constitui o melhor modo para glorificá-lo (*doxan didonai*) e para adorá-lo (*proskýein*). Aliás, mesmo para os anjos, Deus é incompreensível; mas, tanto melhor, pois graças a isso podem prestar--lhe glória e adoração, elevando sem cessar seus místicos cantos. Às legiões de anjos, João contrapõe os que procuram inutilmente entender: "Aqueles (anjos) dão glória, estes esforçam-se por conhecer; aqueles adoram em silêncio, estes afanam-se; aqueles desviam os olhos, estes não se envergonham de manter fixo o olhar na glória inenarrável"[28]. O verbo que traduzimos por "adorar em silêncio" é, no texto grego, *euphemein*. Desse termo, que significa originalmente "observar o silêncio religioso", deriva a palavra moderna "eufemismo", que indica os termos que subs-

---

[27] P. Levi, *Os afogados e os sobreviventes*, cit., p. 7.
[28] J. Chrysostome, *Sur l'incompréhensibilité de Dieu* (Paris, Cerf, 1970), p. 129.

tituem outros que, por pudor ou boas maneiras, não podem ser pronunciados. Dizer que Auschwitz é "indizível" ou "incompreensível" equivale a *euphemein*, a adorá-lo em silêncio, como se faz com um deus; significa, portanto, independente das intenções que alguém tenha, contribuir para sua glória. Nós, pelo contrário, "não nos envergonhamos de manter fixo o olhar no inenarrável". Mesmo ao preço de descobrirmos que aquilo que o mal sabe de si, encontramo-lo facilmente também em nós.

1.12. No entanto, o testemunho traz uma lacuna. Sobre isso, os sobreviventes concordam.

Há também outra lacuna em todo testemunho: as testemunhas são, por definição, sobreviventes e, portanto, todos, em alguma medida, desfrutaram de um privilégio... Ninguém narrou o destino do prisioneiro comum, pois, para ele, não era materialmente possível sobreviver... O prisioneiro comum foi descrito também por mim, quando falo de "muçulmanos": mas os muçulmanos não falaram.[29] Os que não viveram aquela experiência nunca saberão o que ela foi; os que a viveram nunca o dirão; realmente não, não até o fundo. O passado pertence aos mortos...[30]

É oportuno refletir sobre tal lacuna, que põe em questão o próprio sentido do testemunho e, com isso, a identidade e a credibilidade das testemunhas.

Repito, não somos nós, os sobreviventes, as autênticas testemunhas. [...] Nós, sobreviventes, somos uma minoria anômala, além de exígua: somos aqueles que, por prevaricação, habilidade ou sorte, não tocamos o fundo. Quem o fez, quem fitou a górgona, não voltou para contar, ou voltou mudo; mas são eles, os "muçulmanos", os que submergiram – são eles as testemunhas integrais, cujo depoimento teria significado geral. Eles são a regra, nós, a exceção...
[...]

---

[29] P. Levi, *Conversazioni e interviste*, cit., p. 215 ss.
[30] E. Wiesel, "For some Measure of Humility", *Sh'ma: A Journal of Jewish Responsibility*, n. 5, 31 oct. 1975, p. 314.

Nós, tocados pela sorte, tentamos narrar com maior ou menor sabedoria não só o nosso destino, mas também aquele dos outros, dos que submergiram: mas tem sido um discurso "em nome de terceiros", a narração de coisas vistas de perto, não experimentadas pessoalmente. A demolição levada a cabo, a obra consumada, ninguém a narrou, assim como ninguém jamais voltou para contar a sua morte. Os que submergiram, ainda que tivessem papel e tinta, não teriam testemunhado, porque a sua morte começara antes da morte corporal. Semanas e meses antes de morrer, já haviam perdido a capacidade de observar, recordar, medir e se expressar. Falamos nós em lugar deles, por delegação.[31]

A testemunha comumente testemunha a favor da verdade e da justiça, e delas a sua palavra extrai consistência e plenitude. Nesse caso, porém, o testemunho vale essencialmente por aquilo que nele falta; contém, no seu centro, algo intestemunhável, que destitui a autoridade dos sobreviventes. As "verdadeiras" testemunhas, as "testemunhas integrais" são as que não testemunharam, nem teriam podido fazê-lo. São os que "tocaram o fundo", os muçulmanos, os submersos. Os sobreviventes, como pseudotestemunhas, falam em seu lugar, por delegação: testemunham sobre um testemunho que falta. Contudo, falar de uma delegação, no caso, não tem sentido algum: os submersos nada têm a dizer, nem têm instruções ou memórias a transmitir. Não têm "história", nem "rosto" e, menos ainda, "pensamento"[32] . Quem assume para si o ônus de testemunhar por eles, sabe que deve testemunhar pela impossibilidade de testemunhar. Isso, porém, altera de modo definitivo o valor do testemunho, obrigando a buscar o sentido em uma zona imprevista.

1.13. Já tinha sido observado que, no testemunho, há algo similar a uma impossibilidade de testemunhar. Em 1983, apareceu o livro de J.-F. Lyotard *Le différend*, que, ao retomar ironicamente as recentes teses dos negacionistas, inicia com a constatação de um paradoxo lógico:

---
[31] P. Levi, *Os afogados e os sobreviventes*, cit., p. 47-8.
[32] P. Levi, *É isto um homem?* (Rio de janeiro, Rocco, 1988), p. 91.

Chegamos a saber que alguns seres humanos dotados de linguagem foram colocados em uma situação tal que nenhum deles pode dizer algo sobre o que ela foi. A maioria deles desapareceu naquele tempo e os sobreviventes raramente falam a respeito. Quando falam, o seu testemunho alcança apenas parte ínfima de tal situação. Como saber, então, se tal situação de fato existiu? Não poderia ser o fruto da imaginação do nosso informante? Ou a situação não existiu como tal. Ou existiu, e então o testemunho do nosso informante é falso, pois nesse caso ele deveria ter desaparecido ou deveria calar...Ter realmente visto, com os próprios olhos, a câmara de gás seria a condição que conferiria a autoridade para afirmar que ela existia, persuadindo assim os incrédulos. Mas se deveria também provar que matava no momento em que ela foi vista. A única prova admissível de que matava é dada pelo fato de se estar morto. Mas, estando morto, não se pode testemunhar que se está assim por efeito da câmara de gás.[33]

Alguns anos depois, durante uma pesquisa efetuada na Universidade de Yale, S. Felman e D. Laub elaboraram a noção da *shoá* como "acontecimento sem testemunhas". Em 1989, um dos dois autores desenvolveu mais ainda este conceito na forma de um comentário do filme de Claude Lanzmann[*]. A *shoá* é um acontecimento sem testemunhas no duplo sentido, de que sobre ela é impossível testemunhar tanto a partir de dentro – pois não se pode testemunhar de dentro da morte, não há voz para a extinção da voz – quanto a partir de fora –, pois o *outsider* é excluído do acontecimento por definição:

Realmente não é possível dizer a verdade, testemunhar a partir de fora. Mas nem sequer é possível, conforme vimos, testemunhar a partir de dentro. Parece-me que a posição impossível e a tensão testemunhal de todo o filme esteja precisamente no fato de não estar nem simplesmente dentro, nem simplesmente fora, mas, paradoxalmente, *ao mesmo tempo dentro e fora*. O filme procura abrir um caminho e lançar uma ponte que

---

[33] J.-F. Lyotard, *Le différend* (Paris, Minuit, 1983), p. 19.

[*] O filme-documentário de Claude Lanzmann, intitulado *Shoah*, foi lançado em 1985, tendo nove horas e meia de duração, resultado de 350 horas de filmagens feitas entre 1976 e 1982 em lugares e com pessoas que passaram pelos campos de concentração nazistas. (N. T.)

não existia durante a guerra, e não existe ainda hoje, entre o dentro e o fora – para pôr ambos em contato e em diálogo.³⁴

É justamente o umbral de indistinção entre o dentro e o fora (que, conforme veremos, é algo bem diverso de uma "ponte" ou de um "diálogo"), que poderia ter levado a uma compreensão da estrutura do testemunho, que a autora deixa de interrogar. Mais do que a uma análise, assistimos sim ao deslocamento de uma impossibilidade lógica para uma possibilidade estética, pelo recurso da metáfora do canto:

> O que confere ao filme seu poder de testemunho, e constitui em geral a sua força, não são as palavras, mas a relação ambígua e desconcertante entre as palavras, a voz, o ritmo, a melodia, as imagens, a escritura e o silêncio. Todo testemunho fala-nos para além das suas palavras, para além da sua melodia, como a realização única de um canto.³⁵

Explicar o paradoxo do testemunho por meio do *deus ex machina* do canto equivale a estetizar o testemunho – algo que, de todo modo, Lanzmann procurou evitar fazer. Não é o poema ou o canto que podem intervir para salvar o impossível testemunho; pelo contrário, se muito, é o testemunho que pode fundar a possibilidade do poema.

1.14. As incompreensões de uma mente honesta muitas vezes são expressivas. Primo Levi, que não gostava dos autores obscuros, sentia-se atraído pela poesia de Celan, mesmo que não conseguisse realmente entendê-la. Em breve ensaio, intitulado *Sullo scrivere oscuro* [Sobre o escrever obscuro], ele distingue Celan dos que escrevem obscuramente por desprezo ao leitor ou por insuficiência expressiva: a obscuridade da sua poética leva-o, aliás, a pensar em "um pré-matar-se, em um não-querer-ser, em uma fuga do mundo cujo coroamento foi a morte desejada"³⁶. A extraordinária operação que Celan efetua com a língua alemã, que tanto fascinou os seus lei-

---

[34] S. Felman, "À l'âge du témoignage: Shoah de C. Lanzmann", em *Au sujet de Shoah* (Paris, Belin, 1990), p. 89.
[35] Ibidem, p. 139 ss.
[36] P. Levi, *L'altrui mestiere*, em *Opere* (Torino, Einaudi, 1990), v. 3, p. 637.

tores, é, pelo contrário, comparada por Levi – por motivos sobre os quais acredito valer a pena refletir – a um balbuciar desarticulado ou ao estertor de um moribundo.

Esta treva que aumenta de página em página, até ao último desarticulado balbucio, consterna como o estertor de um moribundo, e realmente não é outra coisa. Acossa-nos como acossam as voragens, mas ao mesmo tempo defrauda-nos de algo que devia ser dito e não foi, e por isso nos frustra e nos afasta. Penso que Celan poeta deve ser mais meditado e compadecido do que imitado. Se a sua é uma mensagem, ela se perde no "ruído de fundo": não é uma comunicação, não é uma linguagem, ou se muito é uma linguagem obscura e mutilada, assim como é a de quem está para morrer, e está só, assim como todos estaremos no momento da morte.[37]

Em Auschwitz, Levi já havia tido a experiência de escutar e interpretar um balbucio desarticulado, algo parecido com uma não-linguagem ou uma linguagem mutilada e obscura. Aconteceu nos dias sucessivos à libertação, quando os russos transferiram os sobreviventes de Buna para o "campo grande" de Auschwitz. Aqui, a atenção de Levi sentiu-se logo atraída para uma criança que os deportados chamavam Hurbinek.

Hurbinek era um nada, um filho da morte, um filho de Auschwitz. Aparentava três anos aproximadamente, ninguém sabia nada a seu respeito, não sabia falar e não tinha nome: aquele curioso nome, Hurbinek, fora-lhe atribuído por nós, talvez por uma das mulheres, que interpretara com aquelas sílabas uma das vozes inarticuladas que o pequeno emitia, de quando em quando. Estava paralisado dos rins para baixo, e tinha as pernas atrofiadas, tão adelgaçadas como gravetos; mas os seus olhos, perdidos no rosto pálido e triangular, dardejavam terrivelmente vivos, cheios de busca de asserção, de vontade de libertar-se, de romper a tumba do mutismo. As palavras que lhe faltavam, que ninguém se preocupava de ensinar-lhe, a necessidade da palavra, tudo isso comprimia seu olhar com urgência explosiva [...][38]

---

[37] Ibidem.
[38] P. Levi, *A trégua* (São Paulo, Companhia das Letras, 1997), p. 28-9.

A certa altura, porém, Hurbinek começa a repetir sem parar uma palavra, que ninguém no campo consegue entender, e que Levi transcreve com dúvidas como *mass-klo* ou *matisklo*:

De noite ficávamos de ouvidos bem abertos: era verdade, do canto de Hurbinek vinha de quando em quando um som, uma palavra. Não sempre exatamente a mesma, para dizer a verdade, mas era certamente uma palavra articulada; ou melhor, palavras articuladas ligeiramente diversas, variações experimentais sobre um tema, uma raiz, sobre um nome talvez.[39]

Todos escutam e tentam decifrar aquele som, aquele vocabulário nascente: mesmo que todas as línguas da Europa estivessem representadas no campo, a palavra de Hurbinek continua obstinadamente secreta:

Não, não devia ser uma mensagem, tampouco uma revelação: era talvez o seu nome, se tivesse tido a sorte de ter um nome; talvez (segundo uma das nossas hipóteses) quisesse dizer "comer" ou "pão"; ou talvez "carne" em boêmio, como sustentava, com bons argumentos, um dos nossos, que conhecia essa língua.

[...] Hurbinek, o que não tinha nome, cujo minúsculo antebraço fora marcado mesmo assim pela tatuagem de Auschwitz; Hurbinek morreu nos primeiros dias de março de 1945, liberto mas não redimido. Nada resta dele: seu testemunho se dá por meio de minhas palavras.[40]

Talvez seja esta a palavra secreta que Levi sentia perder-se no "rumor de fundo" da poesia de Celan. Contudo, em Auschwitz, ele procurou de toda forma escutar o não testemunhado, captar a sua palavra secreta: *mass-klo*, *matisklo*. Talvez cada palavra, cada escritura nasce, nesse sentido, como testemunho. E, por isso mesmo, aquilo de que dá testemunho não pode ser já língua, já escritura: pode ser somente um não-testemunhado. Isso é o som que provém da lacuna, a não-língua que se fala sozinho, de que a língua responde, em que nasce a língua. E é sobre a natureza deste não-testemunhado, sobre a não-língua que é preciso interrogar-se.

---

[39] Ibidem, p. 30.
[40] Ibidem, p. 30-1.

1.15. Hurbinek não pode testemunhar, porque não tem língua (a palavra que profere é um som incerto e sem sentido: *mass-klo* ou *matisklo*). No entanto, ele é "testemunha por meio destas minhas palavras". Mas nem sequer o sobrevivente pode testemunhar integralmente, dizer a própria lacuna. Isso significa que o testemunho é o encontro entre duas impossibilidades de testemunhar, que a língua, para testemunhar, deve ceder o lugar a uma não-língua, mostrar a impossibilidade de testemunhar. A língua do testemunho é uma língua que não significa mais, mas que, nesse seu ato de não-significar, avança no sem-língua até recolher outra insignificância, a da testemunha integral, de quem, por definição, não pode testemunhar. Portanto, para testemunhar, não basta levar a língua até ao próprio não-sentido, até à pura indecidibilidade das letras (*m-a-s-s-k-l-o*, *m-a-t-i-s-k-l-o*); importa que o som sem sentido seja, por sua vez, voz de algo ou alguém que, por razões bem distintas, não pode testemunhar. Assim, a impossibilidade de testemunhar, a "lacuna" que constitui a língua humana, desaba sobre si mesma para dar lugar a uma outra impossibilidade de testemunhar – a daquilo que não tem língua.

O sinal, que a língua julga transcrever a partir do não testemunhado, não é a sua palavra. É a palavra da língua, a que nasce lá onde a língua já não está no seu início, deriva disso a fim de – simplesmente – testemunhar: "não era luz, mas estava para dar testemunho da luz".

2
O "MUÇULMANO"

2.1 O intestemunhável tem nome. Chama-se, no jargão do campo, *der Muselmann*, o muçulmano.

O assim chamado *Muselmann*, como era denominado, na linguagem do Lager, o prisioneiro que havia abandonado qualquer esperança e que havia sido abandonado pelos companheiros, já não dispunha de um âmbito de conhecimento capaz de lhe permitir discernimento entre bem e mal, entre nobreza e vileza, entre espiritualidade e não espiritualidade. Era um cadáver ambulante, um feixe de funções físicas já em agonia. Devemos, por mais dolorosa que nos pareça a escolha, excluí-lo da nossa consideração.[1]

(Mais uma vez a lacuna no testemunho, desta vez conscientemente reivindicada.)

Lembro que, enquanto descíamos as escadas que conduziam ao banheiro, fizeram descer conosco um grupo de *Muselmann*, como haveríamos de chamá-los depois, que eram os homens-múmia, os mortos-vivos; e os fizeram descer conosco unicamente para que os víssemos, como se dissessem: vocês ficarão iguais.[2]

O homem das SS caminhava devagar e observava o muçulmano que vinha diretamente ao seu encontro. Todos nós olhávamos com o canto do olho para a esquerda, para ver o que iria acontecer. Esse ser imbecilizado e sem vontade, arrastando seus tamancos de madeira pelo chão,

---

[1] J. Améry, *Un intelletuale a Auschwitz*, cit., p. 39.
[2] A. Carpi, *Diario di Gusen* (Torino, Einaudi, 1993), p. 17.

acabou caindo precisamente nos braços daquele das SS, que lhe deu um grito e lhe desferiu uma bordoada na cabeça. O muçulmano parou, sem dar-se conta do que lhe havia acontecido, e quando recebeu um segundo e um terceiro golpe por ter-se esquecido de tirar o gorro, começou a borrar-se porque estava com disenteria. Quando a SS viu o líquido escuro e malcheiroso escorrer sobre os tamancos, enfureceu-se terrivelmente. Lançou-se sobre ele desferindo-lhe pontapés no abdômen e, depois que o infeliz já estava caído sobre seus próprios excrementos, continuou a batê-lo na cabeça e no tórax. O muçulmano não se defendia. Ao primeiro golpe se dobrou ao meio, e depois de mais alguns golpes já estava morto.[3]

No que diz respeito aos sintomas da doença da desnutrição, devemos distinguir duas fases. A primeira caracteriza-se pelo emagrecimento, pela astenia muscular e pela progressiva perda de energia nos movimentos. Nesse estágio, o organismo ainda não está profundamente danificado. Para além da lentidão nos movimentos e da perda de forças, os doentes não mostram outros sintomas. Com exceção de uma certa excitabilidade e de uma típica irritabilidade, nem sequer se manifestam alterações de caráter psíquico. Era difícil perceber o momento da passagem de uma fase para a outra. Para alguns isso acontecia de maneira lenta e gradual, para outros, muito rapidamente. Podia-se calcular que a segunda fase começava mais ou menos quando o indivíduo faminto havia perdido um terço do seu peso normal. Quando continuava a emagrecer, a expressão do rosto também mudava. O olhar tornava-se opaco e o rosto assumia uma expressão de indiferença, mecânica e triste. Os olhos ficavam cobertos por um véu, as órbitas, profundamente cavadas. A pele tomava um colorido cinza-pálido, tornava-se sutil, dura, parecida com papel e começava a descamar-se. Era muito sensível a qualquer tipo de infecção e contágio, especialmente à sarna. Os cabelos eriçavam-se, tornavam-se opacos e se rompiam facilmente. A cabeça se encompridava, as maçãs do rosto e as órbitas ficavam bem evidenciadas. O doente respirava lentamente, falava baixo e com grande fadiga. Dependendo da duração do estado de desnutrição, apareciam edemas

---

[3] Z. Ryn e S. Klodzinski, "An der Grenzen zwischen Leben und Tod: Eine Studie über die Erscheinung des 'Muselmanns' im Konzentrationslager" em *Auschwitz-Hefte* (Weinheim e Basel, 1987), v. 1, p. 128 ss.

grandes ou pequenos. Manifestavam-se inicialmente nas pálpebras e nos pés e apareciam em pontos diferentes de acordo com as horas do dia. Pela manhã, após o repouso noturno, sobretudo eram visíveis no rosto. À tarde, por sua vez, nos pés e na parte inferior e superior da perna. Estar em pé fazia com que os líquidos se acumulassem na parte inferior do corpo. À medida que o estado de desnutrição aumentava, os edemas se difundiam, sobretudo no caso de quem devia ficar em pé por muitas horas, inicialmente na parte inferior das pernas, depois nas coxas, nas nádegas, nos testículos e até mesmo no abdômen. Aos inchaços se acrescentava muitas vezes a diarreia, que frequentemente podia preceder o desenvolvimento dos edemas. Nessa fase, os doentes tornavam-se indiferentes a tudo que acontecia ao seu redor. Eles se autoexcluíam de qualquer relação com o seu ambiente. Quando ainda eram capazes de se mover, isso se dava em câmara lenta, sem que dobrassem os joelhos. Dado que sua temperatura baixava normalmente até abaixo dos 36 graus, tremiam de frio. Observando de longe um grupo de enfermos, tinha-se a impressão de que fossem árabes em oração. Dessa imagem derivou a definição usada normalmente em Auschwitz para indicar os que estavam morrendo de desnutrição: muçulmanos.[4]

O muçulmano não causava pena a ninguém, nem podia contar com a simpatia de alguém. Os companheiros de prisão, que temiam continuamente pela própria vida, nem sequer se dignavam de lhe lançar um olhar. Para os prisioneiros que colaboravam, os muçulmanos eram fonte de raiva e preocupação; para as SS eram apenas inútil imundície. Tanto uns quanto os outros só pensavam em eliminá-los, cada um à sua maneira.[5]

A história – ou melhor, a não-história – de todos os "muçulmanos" que vão para o gás é sempre a mesma: simplesmente, acompanharam a descida até o fim, como os arroios que vão até o mar. Uma vez dentro do campo, ou por causa da sua intrínseca incapacidade, ou por azar, ou por um banal acidente qualquer, eles foram esmagados antes de conseguir adaptar-se; ficaram para trás, nem começaram a aprender o alemão e a perceber alguma coisa no emaranhado infernal de leis e proibições, a não ser quando seu corpo já desmoronara e nada mais poderia salvá-los da seleção ou da morte por esgotamento. A sua vida é curta, mas seu

---

[4] Ibidem, p. 94.
[5] Ibidem, p. 127.

número é imenso; são eles, os "muçulmanos", os submersos, são eles a força do campo: a multidão anônima, continuamente renovada e sempre igual, dos não-homens que marcham e se esforçam em silêncio; já se apagou neles a centelha divina, já estão tão vazios, que nem podem realmente sofrer. Hesita-se em chamá-los vivos; hesita-se em chamar "morte" à sua morte, que eles já nem temem, porque estão esgotados demais para poder compreendê-la.

Eles povoam minha memória com sua presença sem rosto, e se eu pudesse concentrar numa imagem todo o mal do nosso tempo escolheria essa imagem que me é familiar: um homem macilento, cabisbaixo, de ombros curvados, em cujo rosto, em cujo olhar, não se possa ler o menor pensamento.[6]

2.2. Sobre as origens do termo *Muselmann*, as opiniões são discordantes. Aliás, como acontece com frequência com os jargões, os sinônimos não faltam.

A expressão era usada sobretudo em Auschwitz e, a partir daí, passa depois a outros Lager... Em Majdanek, o termo era desconhecido, e para indicar os "mortos vivos" se usava a expressão *Gamel* (gamela); em Dachau, por sua vez, dizia-se *Kretiner* (idiotas), em Stutthof, *Krüppel* (aleijados), em Mathausen, *Schwimmer* (ou seja, quem fica boiando fingindo-se de morto), em Neuengamme, *Kamele* (camelos, ou, em sentido translato, idiotas), em Buchenwald, *müde Scheichs* (isto é, imbecis) e no Lager feminino de Ravensbruck, *Muselweiber* (muçulmanas) ou *Schmuckstücke* (enfeites de pouco valor ou joias).[7]

A explicação mais provável remete ao significado literal do termo árabe *muslim*, que significa quem se submete incondicionalmente à vontade de Deus, e está na origem das lendas sobre o pretenso fatalismo islâmico, bastante difundidas nas culturas europeias já a partir da Idade Média (com essa inflexão depreciativa, o termo se encontra com frequência nas línguas europeias, especialmente no italiano). Contudo, enquanto a resignação do *muslim* se enraíza na convicção de que a vontade de Alá está presente em cada instante, nos menores acontecimentos, o muçulmano de

---

[6] P. Levi, *É isto um homem?*, cit., p. 91.
[7] W. Sofsky, *L'ordine del terrore*, cit., p. 464.

O "muçulmano" • 53

Auschwitz parece ter, pelo contrário, perdido qualquer vontade e qualquer consciência:

[...] o estrato relativamente mais numeroso dos que haviam perdido há tempo toda vontade de viver. Chamavam-se, no campo, muçulmanos, a saber, pessoas tomadas por um absoluto fatalismo. O fato de estarem prontos para a morte não equivalia, porém, a algo parecido com um ato de vontade, mas a uma destruição da vontade. Deixavam acontecer o que acontecia, pois todas as suas forças estavam mutiladas e aniquiladas.[8]

Existem outras explicações, embora menos convincentes. Por exemplo, aquela registrada na *Encyclopedia Judaica*, no verbete *Muselmann*: "Usado sobretudo em Auschwitz, o termo parece derivar da postura típica desses deportados, ou seja, o de ficarem encolhidos ao chão, com as pernas dobradas de maneira oriental, com o rosto rígido como uma máscara". Ou aquela, sugerida por Marsalek, segundo o qual o termo tinha a ver com "os movimentos típicos dos árabes em oração, com o seu contínuo prostrar e levantar da parte superior do corpo"[9]. Ou então aquela, realmente improvável, que interpreta *Muselmann* como *Muschelmann*, homem-concha, isto é, dobrado e fechado em si mesmo (Levi parece aludir a isso quando fala de "homens-casca").

Em todo caso, o certo é que, com uma espécie de feroz autoironia, os judeus sabem que em Auschwitz não morrerão como judeus.

2.3. O desacordo a respeito da etimologia do termo encontra sua pontual correspondência na incerteza quanto ao âmbito semântico e disciplinar em que deve inscrever-se. Não pode causar surpresa que um médico como Fejkiel, que havia trabalhado por muito tempo nos Lager, tendesse a tratar o muçulmano como figura nosográfica – uma enfermidade particular de desnutrição, endêmica nos campos. Em certo sentido, foi Bettelheim quem abriu o caminho, em 1943, ao publicar no "Journal of Abnormal and Social Psychology" o seu estudo sobre *Individual and Mass Behavior in Extreme Situations*. Em 1938-39,

---

[8] E. Kogon, *Der SS-Staat: Das System der deutschen Konzentrationslager* (München, Heyne, 1995), p. 400.
[9] W. Sofsky, *L'ordine del terrore*, cit., p. 464.

antes de ser libertado graças à intervenção de Eleonora Roosevelt, Bettelheim havia passado um ano nos que, então, eram os dois maiores campos de concentração nazistas para prisioneiros políticos, Dachau e Buchenwald. Embora, naqueles anos, as condições de vida no Lager não fossem comparáveis às de Auschwitz, Bettelheim tinha visto os muçulmanos com os próprios olhos, e logo se deu conta das inauditas transformações que a "situação extrema" produzia na personalidade dos internados. Assim, o muçulmano converteu-se para ele em paradigma, sobre o qual, mais tarde, tendo emigrado nos Estados Unidos, fundou os seus estudos a respeito da esquizofrenia infantil e a Orthogenic School, por ele inaugurada em Chicago para a cura de crianças autistas, uma espécie de contra-campo, em que se ensinava aos muçulmanos a voltarem a ser humanos. Na minuciosa fenomenologia do autismo descrita em *A fortaleza vazia*, não existe aspecto algum que não encontre no comportamento do muçulmano o seu obscuro precursor e o seu paradigma interpretativo; "o que para o prisioneiro era a realidade externa, para a criança autista é a realidade interna. Cada uma, por razões distintas, culmina numa experiência paralela em relação ao mundo"[10]. Assim como as crianças autistas ignoravam totalmente a realidade retirando-se para um mundo fantasmático, também os prisioneiros que se tornavam muçulmanos já não prestavam atenção às relações reais de causalidade e as substituíam por fantasias delirantes. E nos olhares pseudoestrábicos, no caminhar arrastado, na obstinada repetitividade e no mutismo de Joey, de Marcia, de Laurie e das outras crianças da escola, ele perseguia a possível solução do enigma que o muçulmano lhe havia proposto em Dachau. Contudo, o conceito de "situação extrema" nunca deixou de ter para Bettelheim uma conotação ética e política, assim como o muçulmano nunca se reduziu para ele a uma dimensão clínica. Tendo em vista que, na situação extrema, estava em jogo "continuar sendo ou não um ser humano"[11], o muçulmano marcava de algum modo o instável

---

[10] B. Bettelheim, *La fortezza vuota* (4. ed., Torino, Garzanti, 1996), p. 46 [ed. bras.: *A fortaleza vazia*. São Paulo, Martins Fontes, 1987, p. 72].

[11] Idem, *The Informed Heart* (New York, The Free Press, 1960), p. 214 [ed. bras.: *Coração informado: autonomia na era da massificação*, Rio de Janeiro, Paz e Terra, 1988].

umbral em que o homem passava a ser não-homem, e o diagnóstico clínico passava a ser análise antropológica.

Para Levi, cujo primeiro testemunho foi *Rapporto sulla organizzazione igienico-sanitaria del campo di concentramento per Ebrei di Monowitz (Auschwitz, Alta Slesia)* [*Informe sobre a organização higiênico-sanitária do campo de concentração para Judeus de Monowitz - Auschwitz, Alta Silésia*], escrito em 1946, a pedido das autoridades soviéticas, a natureza da experiência a respeito da qual havia sido chamado a testemunhar nunca havia sido posta em dúvida. "De fato, interessam-me a dignidade e falta de dignidade do homem", declarou ele em 1986 a Bárbara Kleiner, com uma ironia que provavelmente não foi captada pela entrevistadora[12]. A nova matéria ética, que Auschwitz lhe permitia descobrir, realmente não consentia juízos sumários nem distinções e, agradando-lhe ou não, a falta de dignidade lhe devia interessar tanto quanto a dignidade. A ética em Auschwitz, aliás, começava – também isso estava ironicamente contido no título retórico *É isto um homem?* – precisamente no ponto em que o muçulmano, a "testemunha integral", havia eliminado para sempre qualquer possibilidade de distinguir entre o homem e o não-homem.

O fato de que, afinal de contas, o umbral extremo entre a vida e a morte, entre o humano e o inumano, em que habitava o muçulmano, pudesse ter um significado político é algo que também foi explicitamente afirmado.

> O muçulmano encarna o significado antropológico do poder absoluto de forma particularmente radical. No ato de matar, de fato, o poder se autossuprime: a morte do outro põe fim à relação social. Pelo contrário, ao submeter as suas vítimas à fome e à degradação, ganha tempo, o que lhe permite fundar um terceiro reino entre a vida e a morte. Também o muçulmano, como o amontoado de cadáveres, atesta o seu completo triunfo sobre a humanidade do homem: mesmo que se mantenha ainda vivo, aquele homem é uma figura sem nome. Ao impor tal condição, o regime encontra o próprio cumprimento...[13]

---

[12] P. Levi, *Conversazioni e interviste*, cit., p. 78.
[13] W. Sofsky, *L'ordine del terrore*, cit., p. 294.

Ou como figura nosográfica, ou como categoria ética, ou alternadamente como limite político e conceito antropológico, o muçulmano é um ser indefinido, no qual não só a humanidade e a não-humanidade, mas também a vida vegetativa e a de relação, a fisiologia e a ética, a medicina e a política, a vida e a morte transitam entre si sem solução de continuidade. Por isso, o seu "terceiro reino"* é a cifra perfeita do campo, do não-lugar onde todas as barreiras disciplinares acabam ruindo, todas as margens transbordam.

2.4. O paradigma da "situação extrema" ou da "situação-limite" foi frequentemente invocado no nosso tempo tanto pelos filósofos quanto pelos teólogos. Desempenha função semelhante àquela que, segundo alguns juristas, corresponde ao estado de exceção. Assim como o estado de exceção permite fundar e definir a validez do ordenamento jurídico normal, também é possível, à luz da situação extrema – que no fundo é uma espécie da exceção – julgar e decidir sobre a situação normal. Nas palavras de Kierkegaard: "A exceção explica o geral e a si mesma. Quando se quer estudar corretamente o geral, importa ocupar-se de uma exceção real". Assim, em Bettelheim, o campo, como situação extrema por excelência, permite que se decida sobre o que é humano e o que não é, permite que se separe o muçulmano do homem.

No entanto, e com razão, Karl Barth observou – a respeito do conceito de situação-limite e, em particular, da experiência da segunda guerra mundial – que o homem tem a singular capacidade de se adaptar tão bem à situação extrema, a ponto de ela não conseguir mais desempenhar, de algum modo, uma função de linha divisória precisa.

> De acordo com o que podemos observar hoje – escrevia ele em 1948 – pode-se afirmar com certeza que, até no dia depois do Juízo Final, se fosse possível, cada bar, ou *dancing*, cada grupo carnavalesco, cada editora ávida de assinaturas e de publicidade, cada grupo de politiqueiros fanáticos, cada reunião mundana, assim como cada cenáculo cristão agrupado em torno da sua imprescindível xícara de chá, e qualquer

---

* Terceiro Reich. (N. T.)

sínodo eclesiástico, procurariam reconstruir da melhor forma possível e continuar como antes a sua atividade, sem serem absolutamente afetados nem anulados, sem ficarem em nada seriamente modificados de ontem para hoje. Nem os incêndios, nem as inundações, nem os terremotos, nem as guerras, nem as epidemias de peste, nem sequer um eclipse do sol ou outra coisa que se queira imaginar podem levar-nos por si mesmos à angústia verdadeira e, posteriormente, conduzir-nos, talvez, à verdadeira paz. "O Senhor não estava na tempestade, no terremoto, no fogo" (1 Rs. 19,11). Não, verdadeiramente não![14]

É precisamente tal incrível tendência da situação-limite em transformar-se em hábito o que todas as testemunhas, mesmo as que, submetidas às condições mais extremas (por exemplo, os membros do *Sonderkommando*), o atestam unanimemente ("Quando se faz este trabalho, ou a gente fica louco, ou a gente se acostuma"). Os nazistas tinham compreendido tão bem o poder secreto presente em toda situação extrema que eles nunca revogaram o estado de exceção que haviam decretado em fevereiro de 1933, no dia seguinte à tomada de poder, de forma que o Terceiro Reich pôde ser definido justamente como "uma noite de São Bartolomeu que durou 12 anos".

Auschwitz é exatamente o lugar em que o estado de exceção coincide, de maneira perfeita, com a regra, e a situação extrema converte-se no próprio paradigma do cotidiano. Mas é precisamente esta paradoxal tendência que se transforma no seu contrário, tornando interessante a situação-limite. Enquanto o estado de exceção e a situação normal, conforme acontece em geral, são mantidos separados no espaço e no tempo, nesse caso, mesmo fundando-se reciprocamente em segredo, continuam opacos. Mas quando passam a mostrar abertamente a convivência entre si, conforme ocorre hoje de maneira cada vez mais frequente, iluminam-se uma à outra, por assim dizer, a partir do interior. Isso implica, contudo, que a situação extrema já não pode servir de critério de distinção, como acontece em Bettelheim, mas que a sua lição é antes de mais a da imanência absoluta, a de ser "tudo em tudo". Nesse sentido, a filo-

---

[14] K. Barth, *Kirchliche Dogmatik* (Zürich, Zollikan, 1948), v. 2, p. 135.

sofia pode ser definida como o mundo visto em situação extrema que se tornou a regra (segundo alguns filósofos, o nome da situação extrema é Deus).

2.5. Aldo Carpi, professor de pintura na Academia de Brera (Milão) foi deportado para Gusen em fevereiro de 1944, ficando lá até maio de 1945. Conseguiu sobreviver até porque as SS, tendo descoberto a profissão dele, começaram a encomendar-lhe quadros e desenhos. Tratava-se, sobretudo, de retratos de familiares que Carpi deveria fazer a partir de fotografias, mas também de paisagens italianas e de "pequenos nus venezianos" que ele pintava de memória. Carpi não era um pintor realista, contudo, por razões compreensíveis, gostaria de ter pintado ao natural cenas e figuras do campo; estas, porém, de modo algum interessavam aos seus comitentes, que nem sequer toleravam tais visões. "Ninguém quer cenas e figuras do Lager – anota Carpi no seu diário – ninguém quer ver o *Muselmann*."[15]

Outros testemunhos confirmam tal impossibilidade de olhar para o muçulmano. Um – embora indireto – é particularmente eloquente. Não faz muitos anos que se tornaram públicas as películas que, em 1945, os ingleses filmaram no campo de Bergen-Belsen, logo depois de sua libertação. Fica difícil suportar a visão dos milhares de cadáveres desnudos amontoados nas fossas comuns ou trazidos às costas pelos ex-guardiães – corpos martirizados que nem sequer as SS conseguiam nomear (sabemos por um testemunho que não deveriam, de modo algum, ser chamados de "cadáveres" ou "corpos", mas simplesmente de *Figuren*, figuras, bonecos). Mesmo assim, tendo em vista que, num primeiro momento, os aliados se propunham a servir-se destas gravações como provas das atrocidades nazistas para serem difundidas na própria Alemanha, nenhum detalhe do ingrato espetáculo nos foi poupado. A uma certa altura, porém, a câmara se detém quase por acaso sobre os que parecem estar ainda vivos, sobre um grupo de deportados agachados ou que vagueiam em pé como fantasmas. São apenas poucos segundos; no entanto, suficientes para nos darmos conta de que se trata de mu-

---

[15] A. Carpi, *Diario di Gusen*, cit., p. 33.

çulmanos milagrosamente sobreviventes – ou, em todo caso, de prisioneiros muito próximos do estágio dos muçulmanos. Com exceção dos desenhos executados de memória por parte de Carpi, esta é, talvez, a única imagem que deles nos foi conservada. No entanto, o próprio operador que até então havia pacientemente enfocado os desnudos estendidos ao chão, as terríveis "figuras" desarticuladas e empilhadas umas sobre as outras, não consegue suportar a visão destes seres semivivos e volta imediatamente a enquadrar os cadáveres. Conforme observou Canetti, o montão dos mortos é um espetáculo antigo, com os quais os poderosos muitas vezes se deleitaram; mas a visão dos muçulmanos é um cenário novíssimo, não suportável aos olhos humanos.

2.6. O que não se quer de modo algum ver é, porém, o "nervo" do campo, o umbral fatal que todos os deportados estão prestes a atravessar em qualquer momento. "O estágio do muçulmano era o terror dos internados, pois nenhum deles sabia quando tocaria também a ele o destino de muçulmano, candidato certo para as câmaras de gás ou para qualquer outro tipo de morte".[16]

O espaço do campo (pelo menos nos Lager, como Auschwitz, onde campo de concentração e campo de extermínio coincidem) pode, aliás, ser eficazmente representado como uma série de círculos concêntricos que, semelhantes a ondas, continuamente roçam um não-lugar central, habitado pelo muçulmano. O limite-extremo desse não-lugar chama-se, no jargão do campo, *Selektion*, ou seja, o ato de selecionar os destinados à câmara de gás. Por isso, a preocupação mais insistente do deportado consistia em esconder as suas enfermidades e as suas prostrações, em ocultar incessantemente o muçulmano que ele sentia aflorar em si mesmo por todos os lados. Aliás, toda a população do campo não é senão um imenso turbilhão que gira obsessivamente em torno de um centro sem rosto. Mas esse vórtice anônimo, conforme acontece com a rosa mística do paraíso de Dante, era "pintada à nossa imagem" [*pinta della nostra effige*], trazendo impressa a verdadeira imagem do ser humano. De acordo com a lei, em virtude da qual repugna ao

---

[16] H. Langbein, *Uomini ad Auschwitz* (Milano, Mursia, 1984), p. 113.

ser humano aquilo com que ele teme ser assemelhado, o muçulmano é unanimemente evitado porque, no campo, todos se reconhecem no seu rosto apagado.

Embora todas as testemunhas falem disso como se fosse uma experiência central, trata-se de um fato singular que o muçulmano seja apenas mencionado nos estudos históricos sobre a destruição dos judeus de Europa. Talvez só agora, com quase cinquenta anos de distância, ele comece a tornar-se plenamente visível, e só agora possamos tirar as consequências desta visibilidade. Com efeito, ela implica que o paradigma do extermínio, que até aqui orientou de maneira exclusiva a interpretação dos campos, seja, não substituído, mas acompanhado por outro paradigma, que lança nova luz sobre o extermínio, tornando-o de algum modo ainda mais atroz. Antes de ser o campo da morte, Auschwitz é o lugar de um experimento ainda impensado, no qual, para além da vida e da morte, o judeu se transforma em muçulmano, e o homem em não-homem. E não compreenderemos o que é Auschwitz se antes não tivermos compreendido quem ou o que é o muçulmano, se não tivermos aprendido a olhar com ele para a Górgona.

2.7. Uma das perífrases de que se serve Levi para falar do muçulmano é "quem viu a Górgona". Mas o que viu o muçulmano? O que é, no campo, a Górgona?

Em um estudo exemplar, servindo-se tanto dos testemunhos literários quanto daqueles da escultura e da pintura em vasos cerâmicos, F. Frontisi-Ducroux mostrou-nos o que era para os gregos a Górgona, essa horrível cabeça feminina coroada de serpentes cuja visão produzia a morte e que, por isso mesmo, Perseu, sem olhar para ela, tem de cortar com a ajuda de Atenas.

A Górgona, sobretudo, não tem rosto, no sentido que os gregos davam ao termo *prósopon*, que significa etimologicamente "o que estava frente aos olhos, o que se faz ver". O rosto proibido, impossível de olhar porque produz a morte, é, para os gregos, um não-rosto e, como tal, nunca é designado com o termo *prósopon*. Contudo, tal visão impossível é, para eles, ao mesmo tempo, absolutamente inevitável. O não-rosto da Górgona não só é representado muitas vezes nas artes plásticas e na pintura dos vasos cerâmicos, mas o mais

O "muçulmano" • 61

curioso é o modo pelo qual é representado. "Gorgo, o 'antirrosto', só é representado de rosto... em um inelutável afrontamento dos olhares... este *antiprósopon* é oferecido ao olhar na sua plenitude, com uma ostentação clara dos sinais da sua arriscada eficácia visual".[17] Rompendo a convenção iconográfica que sustenta que, na pintura dos vasos cerâmicos, a figura humana é normalmente retratada de perfil, a Górgona carece de perfil, sendo sempre apresentada como um disco plano, privado da terceira dimensão, ou seja, não como um rosto real, mas como uma imagem absoluta, como algo que só pode ser visto e apresentado. O *gorgóneion*, que representa a impossibilidade da visão, é o que não se pode deixar de ver.

Há mais ainda. Frontisi-Ducroux faz um paralelo entre tal frontalidade, que rompe a convenção iconográfica da pintura em vasos cerâmicos, e a apóstrofe, figura retórica na qual o autor, rompendo a convenção narrativa, se dirige a um personagem ou diretamente ao público. Isso significa que a impossibilidade da visão – de que Gorgo é a cifra – contém algo parecido com uma apóstrofe, um chamamento que não pode ser eludido.

Sendo assim, como nome do muçulmano, "quem viu a Górgona" não constitui uma designação simples. Se ver a Górgona equivale a ver a impossibilidade de ver, então a Górgona não nomeia algo que está ou acontece no campo, algo que o muçulmano teria visto, e não o sobrevivente. Ela designa, isso sim, a impossibilidade de ver de quem está no campo, de quem, no campo, "chegou ao fundo", tornou-se não-homem. O muçulmano não viu nem conheceu nada – senão a impossibilidade de conhecer e de ver. Por isso, para o muçulmano, testemunhar, querer contemplar a impossibilidade de ver não é tarefa simples.

Que no "fundo" do humano não haja senão uma impossibilidade de ver: isso é a Górgona, cuja visão transformou o homem em não--homem. Mas que seja exatamente a impossibilidade não-humana de ver o que invoca e interpela o humano, a apóstrofe a respeito da qual o homem não pode distrair-se – isso, e não outra coisa, é o testemunho. A Górgona e quem a viu, o muçulmano e quem dá testemunho por ele, constituem um único olhar, uma só impossibilidade de ver.

---

[17] F. Frontisi-Ducroux, *Du masque au visage* (Paris, Flammarion, 1995), p. 68.

2.8. O fato segundo o qual, com respeito aos muçulmanos, não se possa falar propriamente de "vivos" é confirmado por todos os testemunhos. Tanto Améry[18] quanto Bettelheim os definem como "cadáveres ambulantes". Carpi denomina-os "mortos vivos" e "homens-múmia"[19]; "hesita-se em chamá-los vivos", escreve Levi a respeito deles[20]. "No final se confundem os vivos com os mortos" – escreve uma testemunha de Bergen-Belsen: "No fundo a diferença entre as duas categorias é mínima... Mas há também uma terceira categoria, os que jazem sem conseguir mover-se e os que ainda respiram um pouco..."[21] "Presenças sem rosto" ou "larvas", morando de algum modo "no limite entre a vida e a morte" – conforme reza o título do estudo que Ryn e Klodzinski dedicaram ao muçulmano, até hoje a única monografia sobre o tema.

Ao lado dessa imagem biológica, põe-se imediatamente outra, que, aliás, parece conter o seu verdadeiro sentido. O muçulmano é não só, e nem tanto, um limite entre a vida e a morte; ele marca, muito mais, o limiar entre o homem e o não-homem.

Também a esse respeito as testemunhas estão de acordo. "[Os] não-homens que marcham e se esforçam em silêncio; já se apagou neles a centelha divina[...]"[22], "[...]tinham de parar completamente de reagir ao ambiente e tornar-se objetos, mas com isso desistiam de ser pessoas."[23] Existe, portanto, um ponto em que, apesar de manter a aparência de homem, o homem deixa de ser humano. Esse ponto é o muçulmano, e o campo é, por excelência, o seu lugar. O que significa, porém, para um homem, tornar-se um não-homem? Existe uma humanidade do homem que se possa distinguir e separar da sua humanidade biológica?

2.9. O que está em jogo na "situação extrema" é, portanto, "continuar sendo ou não um ser humano", tornar-se ou não um muçulma-

---

[18] *Un intelletuale a Auschwitz*, cit., p. 39.
[19] *Diario di Gusen*, cit., p. 17.
[20] P. Levi, *É isto um homem?*, cit., p. 91.
[21] W. Sofsky, *L'ordine del terrore*, cit., p. 464.
[22] P. Levi, *É isto um homen?*, cit., p. 91.
[23] B. Bettelheim, *O coração informado* (Rio de Janeiro, Paz e terra, 1985), p. 123.

no. O impulso mais imediato e comum consiste em interpretar essa experiência-limite em termos morais. Tratava-se de conseguir conservar dignidade e respeito de si – mesmo que, no campo, este e aquela não podiam traduzir-se sempre em ações correspondentes. Bettelheim parece referir-se a algo parecido ao falar de um "ponto sem retorno", para além do qual o deportado se tornava muçulmano.

Para sobreviver como um homem, não como um cadáver ambulante, como um ser humano humilhado e massacrado, mas ainda um ser humano, era preciso antes de mais nada manter-se informado e ciente de qual era seu ponto sem retorno, o ponto além do qual nunca, sob circunstância alguma, se cederia ao opressor, mesmo que isso significasse arriscar-se ou perder-se a vida. Isso significava estar ciente de que, caso sobrevivesse ao preço de ultrapassar este ponto, a pessoa estaria apegando-se a uma vida que perdera todo o seu sentido. Significaria sobreviver – não com um respeito próprio reduzido, mas sem nenhum.[24]

Naturalmente ele se dava conta de que, na situação extrema, a margem de liberdade e de escolha real era praticamente inexistente, reduzindo-se muitas vezes ao grau de consciência interior com que se obedecia a uma ordem:

Manter-se assim informado e consciente das próprias ações – embora isso não pudesse alterar o ato exigido, a não ser em último caso –, examinar atentamente o próprio comportamento e conservar-se livre para ter diferentes sentimentos a esse respeito, dependendo de seu caráter, também permitiam ao preso continuar um ser humano. O que transformava os presos em maometanos era desistir de todos os sentimentos, de todas as reservas íntimas em relação às ações praticadas, era abrir mão de um ponto que não deveria ser abandonado sob hipótese alguma.[25]

O muçulmano é, portanto, para Bettelheim, alguém que abriu mão da margem irrenunciável de liberdade e que, consequentemente, extraviou qualquer traço de vida afetiva e de humanidade. Essa

---

[24] Ibidem, p. 127.
[25] Ibidem, p. 214.

passagem para além do "ponto sem retorno" é uma experiência tão desconcertante, tornando-se nesta altura, para Bettelheim, uma separação entre humano e não humano, a ponto de eliminar da testemunha não apenas todo sentido de piedade, mas também de lucidez, induzindo-o a confundir o que, de modo algum, deveria ser confundido. Por isso, Höss, comandante de Auschwitz justiçado na Polônia em 1947, se transforma para ele em uma espécie de muçulmano "bem nutrido e bem vestido" que continua a vestir-se e alimentar-se bem:

> Embora sua morte física ocorresse apenas mais tarde, tornou-se um cadáver ambulante na época em que assumiu o comando de Auschwitz. Só não se tornou um maometano porque continuou a vestir-se e a alimentar-se bem. Mas teve de despojar-se tão inteiramente do respeito e do amor próprios, de seus sentimentos e de sua personalidade que, para todos os efeitos, não passava de uma máquina que funcionava apenas quando seus superiores lhe apertavam os botões de comando.[26]

Também o muçulmano torna-se, aos seus olhos, uma improvável e monstruosa máquina biológica, isenta não apenas de qualquer consciência moral, mas até mesmo de sensibilidade e de estímulos nervosos:

> Pode-se até especular se esses organismos haviam contornado o arco reflexo que antes ligava o estímulo exterior ou interior, via lobos frontais, ao sentimento e à ação.
> [...]
> Os prisioneiros entravam na fase maometana quando já não se podia despertar neles nenhuma emoção. [...] Outros presos tentavam ser gentis com eles quando podiam, dando-lhes comida e outras coisas, mas os maometanos não reagiam mais ao sentimentos que havia naquela doação de alimento.[27]

O princípio segundo o qual "ninguém quer ver o muçulmano" envolve aqui também o sobrevivente: ele não só falsifica o próprio testemunho (todas as testemunhas concordam com o fato de que

---

[26] Ibidem, p. 307.
[27] Ibidem, p. 207 e 211, respectivamente.

nos campos ninguém "era bom" com os muçulmanos), mas nem se dá conta de ter transformado seres humanos em um paradigma irreal, em uma máquina vegetativa cujo único objetivo consiste em permitir que se distinga a qualquer preço o que, no Lager, se tornou indiscernível: o humano em relação ao inumano.

2.10. O que significa "continuar sendo homem"? Que a resposta não é fácil, e que até a própria pergunta necessita ser meditada, é algo implícito na admoestação do sobrevivente: "pensem bem se isto é um homem". Nem se trata propriamente de uma pergunta, e sim de uma imposição ("eu lhes mando estas palavras"[28]), que põe em questão a própria forma da pergunta. Como se a última coisa que aqui se pudesse esperar fosse uma afirmação ou uma negação.

Trata-se, antes de tudo, de fazer retroceder de tal modo o significado do termo "homem" que o próprio sentido da pergunta acaba totalmente transformado. Chama a atenção que os testemunhos de Levi e de Antelme, publicados no mesmo ano (1947), pareçam dialogar ironicamente entre si a partir dos títulos: *É isto um homem?*, *L'espèce humaine* [A espécie humana]. Para Antelme, o que estava em jogo nos campos era uma reivindicação "quase biológica" de pertença à espécie humana, o sentimento último de pertencer a uma espécie. "A negação da qualidade de homem provoca uma reivindicação quase biológica de pertença à espécie humana."[29]

É importante que ele use o termo técnico *espèce*, e não o que concluía o estribilho de uma canção que certamente lhe devia ser familiar, *le genre humain*. Trata-se de fato de pertença biológica em sentido estrito (o *quase* é apenas uma espécie de eufemismo, apenas um escrúpulo frente ao inaudito), e não de uma declaração de solidariedade moral ou política. É realmente isso que se deve "considerar" – e não, como o parece acreditar Bettelheim, uma questão de dignidade. A tarefa é tão obscura e pesada, a ponto de coincidir com aquela imposta pelas SS, obrigando a tomar a sério a lei do campo: "porcos, não homens".

---

[28] P. Levi, *É isto um homem?*, *La tregua*, cit., p. 19.
[29] R. Antelme, *La specie umana*, cit., p. VII.

Os heróis que conhecemos na história e na literatura, quer tenham elevado a voz para falar do amor, da solidão, da angústia do ser e do não-ser, da vingança, quer se tenham erguido contra a injustiça ou a humilhação, não acreditamos que, contudo, tenham sido levados a expressar, como única e extrema reivindicação, o sentimento último de pertença à espécie. Dizer, portanto, que a gente se sentia contestado como homens, como indivíduos da espécie, pode parecer um sentimento retrospectivo, um sentimento de que só depois se teve consciência clara. No entanto, é o sentimento que foi vivido de modo mais imediato e contínuo, e, ademais, era isso, exatamente isso, que os outros queriam.[30]

Qual é o sentimento último de pertença à espécie humana? E existe algo que se assemelhe a tal sentimento? No muçulmano, muitos parecem buscar apenas a resposta a essa pergunta.

2.11. Levi começa a testemunhar só depois que a desumanização se consumou, só quando falar de dignidade já não teria sentido. Ele é o único que se propõe conscientemente a testemunhar em nome dos muçulmanos, dos submersos, dos que foram destruídos e chegaram ao fundo. Aliás, em muitos testemunhos, fica implícito que, em Auschwitz, todos, de algum modo, haviam perdido a dignidade humana. Mas talvez nunca tão claramente como na passagem de *Os afogados e os sobreviventes*, na qual Levi lembra o estranho desespero que tomava conta dos prisioneiros no momento da libertação: "Naquele momento, quando voltávamos a nos sentir homens, ou seja, responsáveis [...]"[31]. O sobrevivente conhece, portanto, a necessidade comum da degradação, sabe que humanidade e responsabilidade são algo que o deportado teve que abandonar fora dos portões do campo.

Certamente é importante que alguém – o piedoso Chajim, o taciturno Szabò, o sábio Robert, Baruch o corajoso – não tenha cedido. Mas não é deles, não dos "melhores", o testemunho. Mesmo que

---
[30] Idem.
[31] P. Levi, *Os afogados e os sobreviventes*, cit., p. 39.

eles não tivessem morrido – e "os melhores, todos, morreram"³² – não teriam sido eles as testemunhas, não poderiam dar testemunho do campo. Talvez, sim, de outra coisa – da própria fé, da própria virtude (e isso é precisamente o que fizeram com sua morte) –, mas não do campo. As "testemunhas integrais", aquelas em cujo lugar vale a pena testemunhar, são os que "já tinham perdido a capacidade de observar, recordar, medir e se expressar"³³, aquelas para quem falar de dignidade e de decência não seria decente.

Quando um amigo procura convencê-lo de que a sua sobrevivência tem um sentido providencial, de que ele seria "um escolhido, um eleito", Levi rebela-se com indignação ("Essa opinião me pareceu monstruosa"³⁴), como se a pretensão de ter conservado em Auschwitz algum bem reconhecível, de ter conseguido salvá-lo do campo para o levar para fora dele, para o mundo normal, não fosse uma pretensão aceitável, não testemunhasse em favor do bem. Esse é também o sentido no qual deve ser entendida a tese segundo a qual os que sobreviviam "não eram os melhores, os predestinados ao bem, os portadores de uma mensagem"³⁵. Os sobreviventes são piores não só em comparação com os melhores, aqueles cujas virtudes os tornavam menos adaptáveis, mas também com respeito à massa anônima dos submersos, daqueles cuja morte não pode ser chamada de morte. Essa é precisamente a aporia ética específica de Auschwitz: é o lugar onde não é decente continuar sendo decente, onde os que ainda acreditam que conservam dignidade e respeito de si sentem vergonha dos que de imediato a haviam perdido.

2.12. Há uma descrição famosa da vergonha por ter mantido decência e dignidade. Trata-se do encontro de Malte com os vagabundos das ruas de Paris, quando ele se dá conta de que eles, apesar da sua aparente dignidade e do colarinho limpo que traz, o reconhecem como um deles, dando-lhe sinais de aceitação.

---

³² Ibidem, p. 47.
³³ Ibidem, p. 47 e 48, respectivamente.
³⁴ Ibidem, p. 46.
³⁵ Ibidem, p. 47.

Mas meu colarinho está limpo, minha roupa também, e assim como estou poderia entrar em qualquer confeitaria, talvez nos grandes bulevares, meter a mão confiadamente num prato de doces e tirar um. Não achariam nada demais nisso, nem me mandariam embora, pois seria uma mão de gente boa, lavada quatro a cinco vezes por dia. Não há sujeira sob as unhas, o indicador não tem mancha de tinta, os pulsos estão imaculados. Ninguém ignora que gente pobre jamais se lava até aí. Logo, podemos tirar conclusões da limpeza dos pulsos. E tiramos. Nas grandes lojas tiram-se conclusões. Mas há algumas criaturas, por exemplo no Boulevard Saint-Michel e na Rue Racine, que não se deixam enganar, e não dão nada por meus pulsos limpos. Encaram-me e *sabem*. Sabem que na verdade pertenço a eles, que estou apenas representando um pouco. Tudo carnaval. Não querem estragar minha alegria; apenas sorriem de leve, naquele jeito, com um piscar de olhos. Ninguém viu nada. De resto, tratam-me como a um senhor. E, se houver alguém perto, até agem de maneira servil. Agem como se eu usasse um manto de peles, e meu carro viesse atrás de mim. Por vezes lhes dou dois sous, e tremo; poderiam recusar, mas aceitam. E tudo estaria bem se não tivessem novamente sorrido e piscado um pouco. Quem são essas pessoas? Que pretendem de mim? Estarão à minha espera? Como se reconhecem? É verdade que minha barba anda um tanto relaxada, lembra um pouco, bem pouco, as suas próprias barbas doentes, velhas e desbotadas, que sempre me impressionaram. Não tenho, porém, direito de relaxar minha barba? Muitos homens ocupados fazem isso e ninguém se lembra de considerá-los marginais apenas por causa desse detalhe. Pois compreendi bem que esses são os marginalizados, não apenas os mendigos; não, na verdade não são mendigos, é preciso estabelecer diferenças. São lixo, cascas de homens que o destino cuspiu fora. Úmidos do cuspe do destino, grudam numa parede, num lampião de rua, num poste de cartaz, escorrem lentamente rua abaixo deixando um rastro escuro e sujo. Mas o que queria de mim, afinal, aquela velha que rastejava para fora de um buraco qualquer, com uma gaveta de criado-mudo em que rolavam alguns botões e agulhas? Por que andava sempre ao meu lado, observando-me? Como se procurasse reconhecer-me com aqueles olhos lacrimejantes em que algum doente parecia ter cuspido escarro verde nas pálpebras sanguinolentas. E por que, outro dia, aquela mulherzinha miúda e cinzenta teve a ideia de postar-se ao meu lado numa vitrine, mostrando-me um lápis velho e comprido que saía infinitamente lento de suas mãos maltratadas e cerradas? Fiz de conta que estava contemplando objetos expostos e que não percebia nada. Mas ela sabia que eu a vira, que, ali parado, refletia no que ela estaria fazendo. Pois logo entendi que não se tratava apenas do lápis: senti que era um sinal, um sinal para iniciados, um sinal que os marginalizados conhecem; adivinhei que me dizia para ir a algum lugar, ou fazer alguma coisa. E o mais estranho de tudo foi que não consegui livrar-me da sensação de que havia realmente uma certa combinação, da qual esse sinal fazia parte, e que, no fundo, eu devia estar esperando por aquela cena. Isso foi há duas semanas. Agora, contudo, praticamente não se passa um dia sem esse tipo de encontro. Não apenas ao entardecer, mas ao meio-dia, nas ruas mais repletas, repentinamente aparece um homenzinho, ou uma velhinha, faz um sinal com a cabeça, mostra-me algo e desaparece, como se tivesse feito tudo o que era preciso. É possível que um dia lhes ocorra virem até meu quarto, certamente sabem onde moro, e darão um jeito de não chamarem a atenção da porteira.[36]

Não nos interessa tanto neste caso o fato de que Malte expressa perfeitamente a fundamental ambiguidade do gesto de Rilke, dividido entre a consciência de ter abandonado qualquer reconhecível figura do humano e a tentativa de encontrar, a qualquer preço, uma saída dessa condição, fazendo com que toda descida para o abismo se torne para ele apenas uma premissa da infalível ascensão para os *hauts lieux* [lugares elevados] da poesia e da nobreza. Pelo contrário, o que é decisivo é o fato de que, diante dos "desgraçados", Malte perceba que a sua dignidade é uma inútil comédia, algo que apenas consegue induzi-los a "sorrir malignamente e a piscar os olhos". E que a visão deles, a intimidade que pressupõem, é para Malte tão insustentável que o levam a temer que possam um dia apresentar-se em sua casa para o envergonhar. Por esse motivo, refugia-se na Bibliothèque Nationale, entre os seus poetas, onde os desgraçados nunca poderão entrar.

Talvez nunca, antes de Auschwitz, tenham sido descritos com tanta eficácia o naufrágio da dignidade perante uma figura extrema

---

[36] R. M. Rilke, *I quaderni di Malte Laurids Brigge* (Milano, Garzanti, 1974), p. 29 ss. [ed. bras.: *Os cadernos de Malte Laurids Brigge*, trad. Lya Luft, Rio de Janeiro, Nova Fronteira, 1979, p. 25-26].

do humano e a inutilidade do respeito de si perante a absoluta degradação. Há um fio sutil que liga as "cascas de homens", temidas por Malte, aos "homens-concha" [*uomini-guscio*] de que fala Levi. E a pequena vergonha do jovem poeta diante dos vagabundos de Paris é como se fosse um modesto mensageiro que anuncia a grande e inaudita vergonha dos sobreviventes diante dos submersos.

2.13. Importa refletir sobre essa paradoxal situação ética do muçulmano. Ele não é tanto, como acredita Bettelheim, a cifra do ponto sem volta, do umbral para além do qual se deixa de ser homem; em suma, a cifra da morte moral, contra a qual se deve resistir com toda força para salvar a humanidade e o respeito de si – e, quem sabe, até a vida. Para Levi, o muçulmano é, antes, o lugar de um experimento, em que a própria moral, a própria humanidade são postas em questão. É uma figura-limite de uma espécie particular, em que perdem sentido não só categorias como dignidade e respeito, mas até mesmo a própria ideia de um limite ético.

De fato, torna-se evidente que, quando se fixa um limite para além do qual se deixa de ser homem, e todos ou a maioria dos homens o atravessam, isso não prova tanto a inumanidade dos humanos, quanto a insuficiência e a abstração do limite proposto. Imagine-se, por outro lado, que as SS deixassem entrar no campo um pregador, e que este procurasse, de todas as formas, convencer os muçulmanos da necessidade de manterem, também em Auschwitz, a dignidade e o respeito de si. O gesto de um homem desse tipo seria odioso, e a sua pregação, uma afronta atroz para quem já se encontra não só para além de qualquer possibilidade de persuasão, mas também de qualquer socorro humano ("já estavam quase sempre perdidos"[37]). Por esse motivo, os deportados renunciam de uma vez para sempre a falar do muçulmano, como se o silêncio, o não-ver, fosse no momento a única atitude adequada para quem habita além de qualquer ajuda.

O muçulmano penetrou em uma região do humano – pois, negar-lhe simplesmente a humanidade significaria aceitar o veredicto das SS,

---

[37] B. Bettelheim, *The informed heart*, cit., p. 126.

repetindo o seu gesto – onde, dignidade e respeito de si não são de nenhuma utilidade, como também não são uma ajuda exterior. Se existe, porém, uma região do humano em que tais conceitos não têm sentido, não se trata de conceitos éticos genuínos, porque nenhuma ética pode ter a pretensão de excluir do seu âmbito uma parte do humano, por mais desagradável, por mais difícil que seja de ser contemplada.

2.14. Há alguns anos, proveniente de um país europeu que, em relação a Auschwitz, tinha, mais do que qualquer outro, motivos para ter má consciência, difundiu-se nos ambientes acadêmicos uma doutrina com a pretensão de ter identificado uma espécie de condição transcendental da ética, na forma de um princípio de comunicação obrigatória. Segundo essa curiosa doutrina, um ser falante de modo algum pode subtrair-se à comunicação. À diferença dos animais, enquanto são dotados de linguagem, os homens encontram-se, por assim dizer, condenados a concordar entre si sobre critérios de sentido e de validez do seu agir. Quem declara que não quer comunicar rejeita a si mesmo, pois terá, mesmo assim, comunicado a sua vontade de não comunicar.

Na história da filosofia, argumentos do mesmo tipo não são novos. Assinalam o ponto em que o filósofo se encontra em dificuldade, sentindo que lhe falta sob os pés o chão familiar da linguagem. Já Aristóteles, quando quer provar, no livro *Gama* da *Metafísica*, o "mais forte de todos os princípios", o princípio de não-contradição, é obrigado a recorrer ao mesmo:

> Alguns, na verdade, exigem que também ele seja demonstrado, mas isso provém de sua falta de educação. Efetivamente, é impossível ter prova de tudo, pois assim iríamos ao infinito e não teríamos prova alguma... Contudo, mesmo no caso deste princípio (de não-contradição), se pode demonstrar mediante refutação que há uma impossibilidade, contanto que o adversário diga alguma coisa. Se ele não disser nada, seria absurdo procurar uma resposta para quem não proferisse algum discurso; tal homem é muito semelhante a uma planta.[38]

---

[38] Aristóteles, *Metafísica* (2. ed., São Paulo, Loyola, 2005).

Enquanto se fundamentam em um pressuposto tácito (nesse caso, de que alguém deve falar), todas as refutações deixam necessariamente um resíduo, na forma de uma exclusão. No caso de Aristóteles, o resíduo excluído é o homem-planta, o homem que não fala. Realmente basta que o adversário silencie, radical e simplesmente, para que a refutação perca a sua urgência. Não quer dizer que o ingresso na linguagem constitua para o homem algo que ele possa revogar ao seu bel-prazer. Mas o fato é que a simples aquisição da faculdade de comunicar não obriga de modo algum a falar, ou seja, a pura preexistência da linguagem como instrumento de comunicação – o fato de que para o falante exista já uma língua – não inclui em si obrigação alguma de comunicar. Pelo contrário, só se a linguagem não for sempre comunicação, só se ela der testemunho de algo de que não pode testemunhar, o falante poderá experimentar algo semelhante a uma exigência de falar.

Auschwitz é a refutação radical de todo princípio de comunicação obrigatória. E não só porque, de acordo com o testemunho constante dos sobreviventes, a tentativa de induzir um *Kapo* ou um membro das SS a comunicar provocava frequentemente apenas cacetadas, ou porque, conforme é lembrado por Marsalek, em certos Lager toda comunicação era substituída pelo bastão de borracha que, por esse motivo, havia sido ironicamente rebatizado como *Der Dolmetscher*, "o intérprete". Nem porque o "não ser interpelado" fosse a condição normal do campo, em que "a língua se lhe esvai em poucos dias, e, com a língua, o pensamento"[39]. A objeção decisiva é outra. É, mais uma vez, o muçulmano. Imaginemos por um momento que, graças a uma prodigiosa máquina do tempo, podemos introduzir o professor Apel no campo, levando-o a ficar frente a um muçulmano, pedindo-lhe que procurasse testar também aqui a sua ética da comunicação. Acredito que, sob qualquer ponto de vista, seja preferível desligar nossa máquina do tempo e não prosseguir no experimento, pois há o risco de que, apesar de todas as boas intenções, o muçulmano fique mais uma vez excluído do humano. O muçulmano é a refutação radical de qualquer possível refutação, a

---

[39] P. Levi, *Os afogados e os sobreviventes*, cit., p. 54.

destruição desses últimos baluartes metafísicos que continuam de pé por não poderem ser provados diretamente, mas unicamente negando a sua negação.

2.15. Tendo chegado a esse ponto, não nos surpreende que também o conceito de dignidade tenha origem jurídica, que desta vez, no entanto, nos remete à esfera do direito público. Aliás, já a partir da idade republicana, o termo latino *dignitas* indica a classe e a autoridade que competem aos cargos públicos e, por extensão, aos próprios cargos. Fala-se assim de uma *dignitas equestris, regia, imperatoria*. Nessa perspectiva, é muito ilustrativa a leitura do livro XII do *Codex Iustinianus*, que tem por título *De dignitatibus*. Ele preocupa-se com que a ordem das diferentes "dignidades" (não só das tradicionais, dos senadores e dos cônsules, mas também do prefeito do pretório, do preposto do sagrado cubículo, dos guardiões das arcas públicas, dos decanos, dos epideméticos, dos metates e dos outros graus da burocracia bizantina) seja respeitada nos mínimos detalhes e com que o acesso aos cargos (a *porta dignitatis*) seja proibido para aqueles cuja vida não corresponda à classe alcançada (quando, por exemplo, foram objeto de uma nota de censura ou de infâmia). Porém, a construção de uma verdadeira teoria da dignidade deve-se aos juristas e aos canonistas medievais. Em livro que já é clássico, Kantorowicz mostrou como a ciência jurídica se vincula estreitamente com a teologia a fim de enunciar um dos pilares da teoria da soberania, o do caráter perpétuo do poder político. A dignidade emancipa-se do seu portador e converte-se em pessoa fictícia, uma espécie de corpo místico que se põe junto do corpo real do magistrado ou do imperador, da mesma forma como em Cristo a pessoa divina duplica seu corpo humano. Tal emancipação culmina no princípio, reiterado inúmeras vezes pelos juristas medievais, segundo o qual "a dignidade nunca morre" (*dignitas non moritur; Le roi ne meurt jamais*).

A separação e, ao mesmo tempo, a intimidade da dignidade e do seu portador corpóreo têm uma manifestação vistosa no duplo funeral do imperador romano (e, mais tarde, dos reis da França). Nele, uma imagem de cera do soberano morto, que representava a sua "dignidade", era tratada como uma pessoa real, recebendo cuidados médicos e honras e sendo, por fim, queimada em solene rito fúnebre (*funus imaginarium*).

Paralelamente à dos juristas, desenvolve-se a obra dos canonistas. Eles constroem uma teoria correspondente às várias "dignidades" eclesiásticas, que culmina nos tratados *De dignitate sacerdotum*, usados pelos celebrantes. Neste caso, por um lado, a condição do sacerdote – enquanto seu corpo durante a missa se torna o lugar da encarnação de Cristo – é elevada acima daquela dos anjos; por outro, insiste-se na ética da dignidade, ou melhor, na necessidade de que o sacerdote mantenha uma conduta à altura de sua excelsa condição (que se abstenha, portanto, da *mala vita* e que, por exemplo, não toque no corpo de Cristo depois de ter tocado as partes pudendas femininas). E assim como a dignidade pública sobrevive à morte na forma de uma imagem, também a santidade sacerdotal sobrevive por meio da relíquia ("dignidade" é o nome que, sobretudo na área francesa, indica as relíquias do corpo santo).

Quando o termo dignidade passa a ser usado nos tratados de moral, eles nada mais fizeram do que reproduzir fielmente – a fim de o interiorizarem – o modelo da teoria jurídica. Da mesma maneira como se pressupunha que o comportamento e o aspecto exterior do magistrado ou do sacerdote (*dignitas* desde o início indica também o aspecto físico adequado a uma condição elevada e é, segundo os romanos, o que no homem corresponde à *venustas* feminina) deveriam estar em harmonia com a sua condição, assim também agora essa espécie de forma oca da dignidade acaba sendo espiritualizada pela moral e usurpa o lugar e o nome da "dignidade" ausente. E da mesma forma que o direito havia emancipado a condição da *persona ficta* em relação ao seu portador, também a moral – por um processo inverso e especular – separa o comportamento de cada indivíduo da posse de um cargo. Digna é assim uma pessoa que, mesmo privada de qualquer dignidade pública, em todas as circunstâncias se comporta como se a tivesse. Isso é evidente nas classes que, depois da queda do *Ancien Régime*, perderam inclusive as últimas prerrogativas públicas que a monarquia absoluta lhes havia deixado. E, mais tarde, nas classes humildes, excluídas por definição de qualquer dignidade política e às quais educadores de todos os tipos começam a dar aulas sobre a dignidade e a honestidade dos pobres. Ambas acham-se obrigadas a adequar-se a uma dignidade ausente. A correspondência muitas vezes chega até a ser literal: *dignitatem amittere* ou *servare*, que indicavam a perda ou a manutenção de um cargo, passam a equivaler a perder ou conservar a dignidade, a sacrificar ou a salvar, se não a condição, pelo menos a sua aparência.

Também os nazistas recorrem, com referência à condição jurídica dos judeus depois das leis marciais, a um termo que implica a dignidade: *entwürdigen*. O judeu é o homem que foi privado de qualquer *Würde*, de qualquer dignidade: apenas homem – e precisamente por isso, não-homem.

2.16. Sempre se soube que há lugares e circunstâncias onde a dignidade é inoportuna. Um destes lugares é o amor. O enamorado pode ser tudo menos digno, assim como é impossível fazer amor mantendo a dignidade. Os antigos estavam tão convencidos disso que consideravam que até o nome do prazer amoroso fosse incompatível com a dignidade (*verbum ipsum voluptatis non habet dignitatem*) e classificavam a matéria erótica dentro do gênero cômico (Sérvio informa-nos que o livro IV da *Eneida*, que comove os leitores modernos até às lágrimas, era considerado um exemplo perfeito de estilo cômico).

Há bons motivos para tal impossibilidade de conciliar amor e dignidade. Tanto no caso da *dignitas* jurídica quanto no de sua transposição moral, a dignidade é, a rigor, algo autônomo em relação à existência do seu portador, um modelo interior ou uma imagem externa a que ele se deve adequar e que deve ser conservada a qualquer preço. Contudo, nas situações extremas – e também o amor é, a seu modo, uma situação extrema –, não é possível manter nem sequer uma distância mínima entre a pessoa real e o seu modelo, entre vida e norma. E isso não se deve ao fato de que a vida ou a norma, o interno ou o externo prevaleçam, dependendo das circunstâncias, mas porque os mesmos se confundem em qualquer ponto, não deixando de modo algum espaço para um compromisso digno. (Paulo sabe-o perfeitamente quando, na Epístola aos Romanos, define o amor como o fim e o cumprimento da Lei.)

Também por isso, Auschwitz marca o fim e a ruína de qualquer ética da dignidade e da adequação a uma norma. A vida nua, a que o homem foi reduzido, não exige nem se adapta a nada: ela própria é a única norma, é absolutamente imanente. E "o sentimento último de pertencimento à espécie" não pode ser, em nenhum caso, uma dignidade.

O bem – admitindo-se que no caso faça sentido falar de um bem – que os sobreviventes conseguiram pôr a salvo do campo não é, portanto, uma dignidade. Pelo contrário, que se possam perder dignidade e decência para além de qualquer imaginação, que ainda exista vida na degradação mais extrema – esta é a notícia atroz que os sobreviventes trazem do campo para a terra dos homens. E esta nova ciência torna-se agora a pedra de toque que julga e mede toda moral e toda dignidade. O muçulmano, que é a formulação mais extrema da mesma, é o guardião do umbral de uma ética, de uma forma de vida, que começa onde acaba a dignidade. E Levi, testemunha dos submersos, fala em nome deles e é o cartógrafo desta e nova *terra ethica*, o implacável agrimensor da *Muselmannland* [terra do muçulmano].

2.17. A situação entre e a vida e a morte é – conforme vimos – um dos traços constantes nas descrições do muçulmano, o "cadáver ambulante" por antonomásia. Frente ao seu rosto apagado, à sua agonia "oriental", os sobreviventes hesitam em lhe atribuir até mesmo a simples dignidade de ser vivo. Mas tal proximidade com a morte pode revestir-se também de um sentido, ainda mais ultrajante, que tem a ver mais com a dignidade ou a indignidade da própria morte do que com as da vida.

Como sempre, é Levi quem encontra a fórmula mais justa e, ao mesmo tempo, mais terrível: "Hesita-se – escreve ele – em chamar de morte a sua morte". Mais justa, porque o que define os muçulmanos não é tanto que sua vida já não seja vida (essa espécie de degradação é válida, em certo sentido, para todos os habitantes do campo, e não constitui uma experiência totalmente nova), quanto, sobretudo, que a sua morte já não seja morte. O fato de que a morte de um ser humano já não possa ser chamada de morte (não simplesmente que não tenha importância – isso já havia acontecido –, mas que precisamente já não possa ser chamada com aquele nome) – é o horror especial que o muçulmano introduz no campo e que o campo introduz no mundo. Significa, porém – e por isso a frase de Levi é terrível –, que as SS tinham razão em chamar de *Figuren* [figuras] os cadáveres. Onde a morte não pode ser chamada morte, nem mesmo os cadáveres podem ser chamados cadáveres.

2.18. Que aquilo que define o campo não seja simplesmente a negação da vida, que nem a morte nem o número de vítimas esgotam de modo algum o seu horror, que a dignidade ofendida não é a da vida, mas da morte; tudo isso era algo que já havia sido observado. Em entrevista concedida a Günter Gaus em 1964, Hannah Arendt descreveu com as seguintes palavras a sua reação no momento em que a verdade sobre os campos começou a ser conhecida em todos os seus detalhes:

Antes disso, dizíamos: está bem, temos inimigos. É perfeitamente natural. Por que não deveríamos ter inimigos? Mas isso era diferente. Era realmente como se tivesse se escancarado um abismo... Isso não deveria ter acontecido. Não me refiro apenas ao número das vítimas. Refiro-me ao método, à fabricação de cadáveres e a tudo mais. Não é necessário que entre em detalhes. Isso não devia acontecer. Ali aconteceu algo com que não nos podemos reconciliar. Ninguém de nós pode fazê-lo.[40]

Parece que cada frase está tão carregada de sentido tão penoso a ponto de obrigar quem fala a recorrer a locuções que estão à metade do caminho entre o eufemismo e o inaudito. Especialmente a curiosa expressão, repetida em duas variações, "isso não devia acontecer", traz um tom ressentido, pelo menos à primeira vista, que não deixa de surpreender nos lábios da autora do livro mais corajoso e desmistificador que se escreveu em nossos tempos sobre o problema do mal. A impressão acaba aumentando a partir das últimas palavras: "não nos podemos reconciliar com isso, ninguém de nós pode fazê-lo". (O ressentimento – dizia Nietzsche – nasce da impossibilidade para a vontade de aceitar que algo tenha

---

[40] H. Arendt, *Essays in Understanding* (New York, Harcourt Brace, 1993), p. 13 ss. [ed. bras.: *Compreensão e política e outros ensaios: 1930-1954*, Lisboa, Anthropos/Relógio D'Água, 2001].

acontecido, da sua incapacidade de reconciliar-se com o tempo e com o seu "assim foi").

O que, contudo, aconteceu e não deveria ter acontecido é especificado logo a seguir, algo tão ultrajante que Arendt, depois de o ter nomeado, tem como se fosse um gesto de relutância ou de vergonha ("Não é necessário que entre em detalhes"): "A fabricação de cadáveres e tudo mais". A definição do extermínio como uma espécie de produção em cadeia (*am laufenden Band*) tinha sido usada pela primeira vez por um médico das SS, F. Entress[41], e a partir de então foi repetida e variada muitíssimas vezes, nem sempre de maneira oportuna.

Em todo caso, a expressão "fabricação de cadáveres" implica que aqui já não se possa propriamente falar de morte, que não era morte aquela dos campos, mas algo infinitamente mais ultrajante que a morte. Em Auschwitz não se morria: produziam-se cadáveres. Cadáveres sem morte, não-homens cujo falecimento foi rebaixado a produção em série. É precisamente a degradação da morte que constituiria, segundo uma possível e difundida interpretação, a ofensa específica de Auschwitz, o nome próprio do seu horror.

2.19. Não se pode, porém, dar por descontado que o aviltamento da morte constitua o problema específico de Auschwitz. Provam-no as contradições em que continuam presos os que abordam Auschwitz sob esta perspectiva. O mesmo acontece com os autores que, muitos anos antes de Auschwitz, haviam denunciado a degradação da morte no nosso tempo. O primeiro deles é, naturalmente, Rilke, que, aliás, constitui a fonte imprevisível de quem deriva, mais ou menos diretamente, a expressão de Entress sobre a produção da morte em cadeia nos campos. "Hoje, morre-se em quinhentos e cinquenta e nove leitos. Produção em série, naturalmente. E numa produção dessas não se executa tão bem a morte individual, mas também isso é coisa que pouco importa. O que interessa é a quantidade."[42] Nos mesmos anos, Péguy, em passagem que Adorno lembraria novamente a propósito

---

[41] R. Hilberg, *La distruzione degli ebrei di Europa* (Torino, Einaudi, 1995), p. 1032.
[42] R. M. Rilke, *Os cadernos de Malte Laurids Brigge* (trad. Lya Luft, Rio de Janeiro, Nova Fronteira, 1979), p. 8.

de Auschwitz, havia falado da perda de dignidade da morte no mundo moderno: "O mundo moderno conseguiu envilecer aquilo que talvez seja mais difícil envilecer no mundo, pois é algo que traz em si, como na sua textura, um tipo especial de dignidade, como se fosse uma incapacidade singular para ser envilecido: ele envilece a morte".

À morte "em série", Rilke contrapõe a "morte própria" do bom tempo antigo, a morte que cada um trazia dentro de si "como o fruto, sua semente"[43], a morte que "se tinha" e "concedia a cada um uma dignidade especial e um silencioso orgulho". Todo o *Livro da pobreza e da morte*, escrito sob a comoção da permanência em Paris, é dedicado ao aviltamento da morte nas grandes cidades, nas quais a impossibilidade de viver se torna impossibilidade de amadurecer o fruto da própria morte, da "grande morte que cada um traz dentro de si"[44]. Contudo, é singular que, excluído o recurso a uma obsessiva *imagerie* de parto e de aborto ("parimos abortos mortos da nossa morte"[45]), e de frutos azedos e maduros ("a morte, verde e sem suco, continua dentro/como um fruto não maduro"[46]), a morte própria não se distingue da outra, a não ser pelos mais abstratos e formais predicados: a oposição propriedade/impropriedade e interno/externo. Frente à expropriação da morte efetuada pela modernidade, o poeta reage segundo o esquema do luto freudiano: interiorizando o objeto perdido. Ou então, como acontece no caso análogo da melancolia, fazendo que apareça como expropriado um objeto – a morte – para o qual falar de próprio ou de impróprio simplesmente não tem sentido. O que torna "própria" a morte do camarista Brigge na sua antiga casa de Ullsgaard, que Malte descreve minuciosamente como exemplo de morte "principesca", não está dito em nenhum lugar, a não ser que tenha em conta que ele morre, precisamente, na *sua* casa, circundado pelos *seus* servos e pelos *seus* cães. A tentativa de Rilke de devolver uma "dignidade especial" à morte deixa tal im-

---

[43] Ibidem, p. 6.
[44] R. M. Rilke, *Il libro della povertà e della morte*, em *Poesie* (Torino, Einaudi-Gallimard, 1974), v. 1, p. 242.
[45] Ibidem, p. 457.
[46] Ibidem, p. 242.

pressão de indecência que, no final, o sonho do camponês de matar o senhor agonizante "com o forcado do esterco" parece traduzir um desejo remoto do poeta.

2.20. Martin Heidegger, mestre de Hannah Arendt em Friburgo pela metade dos anos 1920, já havia recorrido em 1949 à expressão "fabricação de cadáveres" para definir os campos de extermínio. E curiosamente a "fabricação de cadáveres" implicava também desta vez – assim como já aconteceu em Levi – que, para as vítimas do extermínio, não se pudesse falar de morte, eles realmente não morriam, eram apenas peças produzidas em processo de trabalho em cadeia. "Morrem em massa, às centenas de milhares", diz o texto de uma conferência sobre a técnica proferida pelo filósofo em Bremen, sob o título *Die gefahr* (O perigo):

> Morrem? Perecem. São eliminados. Morrem? Convertem-se em peças do armazém de fabricação de cadáveres. Morrem? São liquidados imperceptivelmente nos campos de extermínio... Mas morrer (*Sterben*) significa suportar a morte no próprio ser. Poder morrer significa: encarar tal decidida suportação. E nós o podemos unicamente se o nosso ser pode o ser da morte... Por todos os lados, a imensa miséria de inumeráveis, atrozes mortes não morridas (*ungestorbener Tode*), contudo, a essência da morte está vedada ao homem.[47]

Alguns anos mais tarde, e não sem motivos, objetou-se ao filósofo que, para um autor que havia estado comprometido – embora marginalmente – com o nazismo, a alusão cursiva aos campos de extermínio era – após anos de silêncio –, no mínimo, inoportuna. O que, no entanto, é certo é que às vítimas era negada a dignidade da morte, sendo condenadas a perecer – com uma imagem que lembrava aquela rilkeana, a das "mortes abortadas" – de uma morte não morrida. Mas o que poderia ter sido, no campo, uma morte *morrida*, uma morte suportada no próprio ser? E realmente tem sentido distinguir, em Auschwitz, uma morte própria de uma imprópria?

---

[47] M. Heidegger, *Bremer und Freiburger Vorträge* (Frankfurt a. M., Klostermann, 1994), GA v. 79, p. 56.

O fato é que, em *Ser e tempo*, atribui-se uma função particular à morte. Ela é o lugar de uma experiência decisiva que, com o nome de "ser-para-a-morte", talvez expresse a intenção última da ética de Heidegger. Na "decisão" que acontece nesse caso, a impropriedade cotidiana, feita de conversa fiada, equívocos e formas de diversão, em que o homem se encontra desde sempre e antes de qualquer outra coisa lançado, transforma-se em propriedade, e a morte anônima, que sempre tem a ver com outros e nunca realmente está presente, torna-se a possibilidade mais própria e insuperável. Tal propriedade não tem um conteúdo particular, nem oferece ao homem algo para ser ou para realizar. Pelo contrário, a morte, considerada como possibilidade, é absolutamente vazia, carecendo de qualquer prestígio especial: ela é a simples *possibilidade da impossibilidade de todo comportamento e de toda existência*. Exatamente por isso, porém, a decisão de que, no ser-para-a-morte, experimenta radicalmente tal possibilidade e tal vazio, se resgata de qualquer indecisão, se apropria pela primeira vez de maneira integral de sua impropriedade. A experiência da desmedida impossibilidade de existir é, assim, o modo em que o homem, libertando-se do seu extravio no mundo do Si, torna possível, para si mesmo, a própria existência fática.

Sob essa perspectiva, torna-se ainda mais significativa a situação de Auschwitz na conferência de Bremen. O campo seria o lugar em que é impossível fazer experiência da morte como possibilidade mais própria e insuperável, como possibilidade do impossível. Ou seja, o lugar em que não acontece apropriação do impróprio e o domínio fático do inautêntico não conhece nem inversões nem exceções. Por isso, nos campos (como de resto, segundo o filósofo, na época do triunfo incondicionado da técnica), o ser da morte está interditado e os homens não morrem, mas são produzidos como cadáveres.

É lícito perguntar, no entanto, se a influência do modelo de Rilke, que separava rigidamente a morte própria da imprópria, não tenha levado, nesse caso, o filósofo a uma contradição. Na ética de Heidegger, realmente autenticidade e propriedade não são algo que vagueia por cima da cotidianidade inautêntica, um reino ideal que se estende acima do real; eles não são mais que um "apego modificado do impróprio", em que o que se torna livre são simplesmente as possibilidades fáticas da existência. De acordo com o princípio de Hölderin, lembrado por Heidegger em diversas oportunidades, "onde está o perigo, ali cresce o que salva", é precisamente na situação extrema do campo que deveriam tornar-se possíveis a apropriação e o resgate.

A razão pela qual Auschwitz esteja excluído da experiência da morte deve ser, portanto, outra, capaz de pôr em questão a própria possibilidade da decisão autêntica e de, assim, ameaçar a própria base da ética heideggeriana. O campo é, de fato, o lugar em que desaparece radicalmente toda distinção entre próprio e impróprio, entre possível e impossível. Isso se deve ao fato de que, no caso, o princípio segundo o qual o único conteúdo do próprio é o impróprio se verifica exatamente pelo seu inverso, que afirma que o único conteúdo do impróprio é o próprio. E assim como, no ser-para-a-morte, o homem se apropria autenticamente do inautêntico, assim também, no campo, os deportados existem *cotidiana* e *anonimamente* para a morte. A apropriação do impróprio já não é possível, porque o impróprio apossou-se integralmente do próprio, e os homens vivem em cada instante, faticamente, para a sua morte. Isso significa que, em Auschwitz, não se pode distinguir entre a morte e o simples desaparecimento, entre o morrer e "o ser liquidado". "Quando se é livre – escreveu Améry, pensando em Heidegger – é possível pensar na morte sem forçosamente pensar no morrer, sem estar angustiado pelo morrer."[48] No campo, isso é impossível. E não é porque – como parece sugerir Améry – o pensamento sobre os modos de morrer (por injeção de fenol, por gás ou por golpes) tornasse supérfluo o pensamento sobre a morte como tal. Mas sim porque onde o pensamento da morte foi materialmente realizado, onde a morte "era trivial, burocrática e cotidiana"[49], tanto a morte como o morrer, tanto o morrer como os seus modos, tanto a morte como a fabricação de cadáveres se tornam indiscerníveis.

2.21. Grete Salus, sobrevivente de Auschwitz cuja voz ecoa sempre justa, escreveu em certa oportunidade que "o homem nunca deveria suportar tudo o que pode suportar, nem deveria nunca chegar a ver que tal sofrer levado à extrema potência já não tem nada de humano"[50].

---

[48] Ibidem, p. 51.
[49] P. Levi, *Os afogados e os sobreviventes*, cit., p. 90.
[50] H. Langbein em *Auschwitz: Zeugnisse und Berichte*, cit., p. 97.

Reflita-se sobre essa especial formulação, que expressa perfeitamente o particular estatuto modal do campo, a sua realidade especial, que, segundo o testemunho dos sobreviventes, o torna absolutamente verdadeiro e, ao mesmo tempo, inimaginável. Se, no ser-para-a-morte, se tratava realmente de criar o possível pela experiência do impossível (da morte), aqui o impossível (a morte em massa) vem produzido pela experiência integral do possível, pela exaustão da sua infinitude. Por isso, o campo é a verificação absoluta da política nazista que, nas palavras de Goebbels, era exatamente "a arte de tornar possível o que parecia impossível" (*Politik ist die Kunst, das unmögliche Scheinende möglich zu machen*). E por isso, no campo, o gesto mais próprio da ética heideggeriana – a apropriação do impróprio, o tornar possível o existente – fica privado de toda efetividade e, por isso mesmo, "a essência da morte está vedada para o homem".

Quem passou pelo campo – tendo afogado ou sobrevivido – suportou tudo o que podia suportar; inclusive o que não deveria ou quereria suportar. Esse "sofrer levado à potência mais extrema", essa exaustão do possível, já não possui, porém, nada de humano. A potência humana confina com o inumano, o homem suporta também o não-homem. Disso nasce o mal-estar do sobrevivente, o "mal-estar incessante [...] que não tem nome", no qual Levi reconhece a angústia atávica do Gênesis, "a angústia – inscrita em cada qual – do *tòhu vavòhu* [...] do qual o espírito do homem está ausente"[51]. Isso quer dizer que o homem carrega em si o selo do inumano, que o seu espírito contém, no próprio centro dele, a punção do não-espírito, do caos não-humano que marca atrozmente o seu ser capaz de tudo.

Tanto o mal-estar quanto o testemunho alcançam não simplesmente o que se fez ou sofreu, mas também o que se *pôde* fazer ou sofrer. O que é inumano é tal *poder*, tal quase infinita potência de sofrer – e não os fatos, nem as ações ou as omissões. E é precisamente a experiência desse *poder* que foi recusada às SS. Os carrascos unanimemente continuam repetindo que eles não *podiam* fazer outra coisa senão o que fizeram, ou seja, que eles simplesmente não *podiam*: deviam, e basta. Agir sem poder agir, se diz: *Befehlnotstand*, ter de obe-

---

[51] P. Levi, *Os afogados e os sobreviventes*, cit., p. 48.

decer a uma ordem. E eles obedeceram, *kadavergehorsam*, como um cadáver, conforme dizia Eichmann. Certamente também os carrascos tiveram que suportar o que não deveriam (e, às vezes, não quereriam) ter suportado; mas, segundo a profunda observação de Karl Valentin, em todo caso "não se atreveram a podê-lo". Por isso, continuaram sendo "homens", não fizeram experiência do inumano. Talvez nunca tenha sido expressa com clareza tão cega essa radical incapacidade de "poder" do que no discurso de Himmler em 4 de outubro de 1943:

> A maioria de vocês deve saber o que significam 100 cadáveres, ou 500 ou 1000. O fato de termos suportado a situação e, ao mesmo tempo, apesar de alguma exceção devida à fraqueza humana, termos continuado sendo homens honestos, nos endureceu. É uma página de glória da nossa história que nunca foi escrita e nunca o será.[52]

Não é, pois, por uma casualidade que as SS se mostraram, quase sem exceção, incapazes de testemunhar. Enquanto as vítimas testemunhavam a respeito do fato de se terem tornado inumanos, por terem suportado tudo aquilo que *podiam* suportar, os carrascos, enquanto torturavam e matavam, continuaram sendo "homens honestos", não suportaram aquilo que, apesar de tudo, podiam suportar.

E se a figura extrema da extrema potência de sofrer é o muçulmano, então se entende porque as SS não tenham podido ver o muçulmano, e menos ainda dar testemunho por ele:

> Eram tão frágeis; permitiam que se lhes fizesse qualquer coisa. Era gente com quem não existia nenhum terreno comum, nenhuma possibilidade de comunicação – é disso que nasce o desprezo, não podia compreender como pudessem entregar-se de tal forma. Há muito pouco, li um livro sobre os coelhos das neves que a cada cinco ou seis anos se jogam no mar para morrer; isso me fez pensar em Treblinka.[53]

2.22. A ideia de que o cadáver merece um respeito especial, que nele existe algo parecido com uma dignidade da morte, não é, na verdade, patrimônio original da ética. Encontra, sim, suas raízes no estrato mais

---

[52] R. Hilberg, *La distruzione degli ebrei di Europa*, cit., p. 1091.
[53] G. Sereny, *In quelle tenebre*, cit., p. 313.

arcaico do direito, que se confunde em cada ponto com a magia. As honras e os cuidados prestados ao corpo do defunto tinham, de fato, na sua origem o objetivo de impedir que a alma do morto (ou, antes, a sua imagem ou fantasma) permanecesse no mundo dos vivos como uma presença ameaçadora (a *larva* dos latinos e o *eidolon* ou o *phasma* dos gregos). Os ritos fúnebres serviam precisamente para transformar esse ser incômodo e incerto em um antepassado amigo e poderoso, com o qual se mantinham relações cultuais bem definidas.

O mundo arcaico conhecia, porém, práticas que, pelo contrário, procuravam tornar duradouramente impossível essa conciliação. Às vezes tratava-se apenas de neutralizar a presença hostil do fantasma, como acontecia no horrendo ritual do *mascalismos*, no qual as extremidades do cadáver de uma pessoa que foi morta (mãos, nariz, orelhas etc.) eram cortadas e enfiadas em um barbante que depois se fazia passar por debaixo das axilas, de modo que o morto não pudesse vingar-se da ofensa sofrida. Mas também a falta de sepultura (que está na origem do conflito trágico entre Antígona e Creonte) era uma forma de vingança mágica exercida sobre o cadáver do morto, que, assim, era condenado a continuar sendo para sempre uma *larva*, a nunca poder encontrar a paz. Por tal motivo, no direito arcaico grego e romano, a obrigação dos funerais era tão estrita que, se faltasse cadáver, exigia-se que devesse ser sepultado em seu lugar um *colosso*, ou seja, uma espécie de duplo ritual do defunto (em geral, uma efígie em madeira ou em cera).

Em oposição clara a tais práticas mágicas, aparecem tanto a afirmação do filósofo segundo a qual "o cadáver deve ser jogado fora como o esterco"[54] como a do preceito evangélico que convida para deixar que os mortos sepultem os mortos (encontra-se um eco disso, no seio da Igreja, na rejeição de correntes espirituais franciscanas para que se oficiem ritos fúnebres). Pode-se afirmar, aliás, que a articulação e o contraste dessa dúplice herança – uma, mágico-jurídica, a outra, filosófico-messiânica – determinam, desde o princípio, a ambiguidade da nossa cultura com relação à dignidade da morte.

Talvez em nenhum outro lugar tal ambiguidade apareça com tanta força como no episódio dos *Irmãos Karamazov* que fala do fe-

---

[54] Heráclito, fr. 96.

dor intolerável que exala do cadáver do *staréts* Zósima. Tendo em conta que entre os monges que se amontoam frente à cela do santo *staréts*, o campo divide-se imediatamente entre aqueles – a maioria – que diante da evidente falta de dignidade do morto – o qual, ao invés de espalhar um odor de santidade, começa logo a decompor-se indecentemente – questionam a santidade da sua vida; e os poucos que sabem que o destino do cadáver não autoriza tirar consequência alguma do campo da ética. O fedor da putrefação que invade as cabeças dos monges incrédulos lembra, de algum modo, o odor nauseabundo que as chaminés dos fornos crematórios – os "caminhos do céu" – irradiam pelos campos. Também nesse caso, para alguns, a fetidez é o sinal do ultraje supremo que Auschwitz desferiu contra a dignidade dos mortais.

2.23. A ambiguidade da relação que a nossa cultura tem com a morte alcança seu paroxismo depois de Auschwitz. Isso fica evidente especialmente em Adorno, que procurou fazer de Auschwitz uma espécie de linha divisória histórica, afirmando não só que "depois de Auschwitz não se pode escrever uma poesia", mas também que "toda a cultura depois de Auschwitz, inclusive a crítica da mesma, é lixo"[55]. Por um lado, ele parece compartilhar das considerações de Arendt e Heidegger (pelos quais, aliás, não tem simpatia alguma) sobre a "fabricação de cadáveres" e fala de uma "produção em massa e de baixo custo da morte"; por outro, denuncia com escárnio as pretensões de Rilke (e do próprio Heidegger) de uma morte própria. Lê-se em *Minima moralia*:

> A prece de Rilke pela morte pessoal é a lamentável tentativa de ocultar o fato de que os homens, nos dias de hoje, não fazem mais do que pifar.[56]

Essa oscilação flagra a impossibilidade da razão em identificar com certeza o crime específico de Auschwitz. A ele, de fato, são imputadas duas acusações aparentemente contraditórias: por um lado, de ter efetivado o triunfo incondicionado da morte contra a vida

---

[55] T. W. Adorno, *Dialettica negativa* (3. ed., Torino, Einaudi, 1975), p. 331.
[56] Idem, *Minima moralia: reflexões a partir da vida danificada* (trad. L. E. Bicca, São Paulo, Ática, 1992), p. 204.

e, por outro, a degradação e a depreciação da morte. Ambas as acusações – assim como, talvez, toda acusação, que é sempre um gesto genuinamente jurídico – não conseguem esgotar o ultraje de Auschwitz e captá-lo em todo seu alcance. Como se nele houvesse algo parecido com uma cabeça de Górgona que não se pode – nem se quer – ver por preço algum algo tão inaudito que se trata de torná-lo compreensível remetendo-o às categorias ao mesmo tempo mais extremas e mais familiares: a vida e a morte, a dignidade e a indignidade. Entre elas, flutua, sem encontrar uma colocação definida, a verdadeira cifra de Auschwitz – o muçulmano, o "nervo do campo", aquele que "ninguém quer ver" e que inscreve em todo testemunho uma lacuna. Ele é realmente a larva que a nossa memória não consegue sepultar, de quem não nos podemos despedir e diante do qual somos obrigados a prestar contas. De fato, em um caso, ele se apresenta como o não-vivo, como o ser cuja vida não é realmente vida; no outro, como aquele cuja morte não pode ser chamada de morte, mas apenas fabricação de cadáveres. Por outras palavras, como a inscrição na vida de uma zona morta e, na morte, de uma zona viva. Em ambos os casos – já que o homem assiste à destruição de seu vínculo privilegiado com o que o constitui como humano, a saber, com a sacralidade da morte e da vida –, o que está sendo posto em jogo é a própria humanidade do homem. O muçulmano é o não-homem que se apresenta obstinadamente como homem, e o humano que é impossível dissociar do inumano.

Se isso for verdade, o que o sobrevivente quererá dizer quando fala do muçulmano como da "testemunha integral", do único cujo testemunho teria um significado geral? Como é possível o não-homem dar testemunho sobre o homem? Como pode ser testemunha verdadeira quem, por definição, não pode dar testemunho? O título *É isto um homem?* realmente também tem este sentido: de que o nome "homem" se aplica sobretudo ao não-homem, de que testemunha integral do homem é aquele cuja humanidade foi integralmente destruída; por outras palavras, de que *o homem é aquele que pode sobreviver ao homem*. Se denominarmos de "paradoxo de Levi" a tese segundo a qual "o muçulmano é a testemunha integral", então a compreensão de Auschwitz – se isso for possível – coincidirá com a compreensão do sentido e do não-sentido deste paradoxo.

2.24. A respeito da degradação da morte no nosso tempo, Michel Foucault propôs uma explicação em termos políticos, vinculando-a à transformação do poder na idade moderna. Na sua figura tradicional – o da soberania territorial – o poder é definido essencialmente como direito de vida e de morte. Tal direito é, porém, por sua natureza, assimétrico, enquanto ele se exerce, sobretudo, do lado da morte, e tem a ver só indiretamente com a vida, como abstenção do direito de matar. Por esse motivo, Foucault caracteriza a soberania com a fórmula *fazer morrer e deixar viver*. Quando, a partir do século XVII, com o nascimento da ciência da polícia, o cuidado da vida e da saúde dos súditos começa a ocupar um lugar cada vez mais importante nos mecanismos e nos cálculos dos Estados, o poder soberano transforma-se gradualmente naquilo que Foucault denomina de biopoder. O antigo direito de fazer morrer e deixar viver dá lugar a uma figura inversa, que define a biopolítica moderna e que se expressa na fórmula *fazer viver e deixar morrer*.

> Enquanto, no direito de soberania, a morte era o ponto em que mais brilhava, de forma mais manifesta, o poder absoluto do soberano, agora a morte vai ser, ao contrário, o momento em que o indivíduo escapa a qualquer poder, volta a si mesmo e se ensimesma, de certo modo, em sua parte mais privada.[57]

Daí surge a progressiva desqualificação da morte, que se despoja do seu caráter de rito público, de quem participavam não só os indivíduos e as famílias, mas, de certa forma, toda a coletividade, e se transforma em algo que deve ser escondido, em uma espécie de vergonha privada.

A morte de Franco – na qual se vê a quem havia encarnado por mais tempo em nosso século o antigo poder soberano de vida e de morte cair sob o domínio do novo biopoder médico (que consegue tão bem "fazer viver" os homens, fazendo-os viver mesmo quando estão mortos, é o ponto em que as duas figuras do poder se chocam frontalmente. Contudo, para Foucault, os dois poderes que, no corpo do ditador parecem confundir-se por um instante, continuam

---

[57] M. Foucault, *Em defesa da sociedade* (São Paulo, Martins Fontes, 1999), p. 296.

O "muçulmano" • 89

sendo essencialmente heterogêneos, e a sua distinção traduz-se em uma série de oposições conceituais (corpo individual/população, disciplina/mecanismos de regulação, homem-corpo/homem-espécie) que, no início da modernidade, definem a passagem de um sistema a outro. Claro que Foucault se dá perfeitamente conta de que os dois poderes e as suas técnicas podem, em determinados casos, integrarem-se mutuamente; mas eles, no entanto, continuam sendo conceitualmente distintos.

É precisamente tal heterogeneidade que, no entanto, começará a tornar-se problemática no momento de afrontar a análise dos grandes Estados totalitários do nosso tempo, especialmente a do Estado nazista. Nele, uma absolutização sem precedentes do biopoder de *fazer viver* se cruza com uma não menos absoluta generalização do poder soberano de *fazer morrer*, de tal forma que a biopolítica coincide imediatamente com a tanatopolítica. Essa coincidência representa, na perspectiva foucaultiana, um verdadeiro paradoxo que, conforme acontece com qualquer paradoxo, exige uma explicação. Como é possível que um poder cujo objetivo é essencialmente o de fazer viver exerça por sua vez um incondicionado poder de morte?

A resposta dada por Foucault à pergunta, no curso de 1976 no Collège de France, é bem conhecida: o racismo é justamente o que permitirá ao biopoder estabelecer, no *continuum* biológico da espécie humana, uma série de cortes, reintroduzindo desse modo, no sistema do "fazer viver", o princípio da guerra.

> No *continuum* biológico da espécie humana, o aparecimento das raças, a hierarquia das raças, a qualificação de certas raças como boas e de outras, ao contrário, como inferiores, tudo isso vai ser uma maneira de fragmentar esse campo do biológico de que o poder se incumbiu; uma maneira de defasar, no interior da população, uns grupos em relação aos outros. Em resumo, de estabelecer uma cesura que será do tipo biológico no interior de um domínio considerado como sendo precisamente um domínio biológico.[58]

---

[58] Ibidem, p. 304-5.

Tentemos desenvolver um pouco mais a análise de Foucault. A cesura fundamental que divide o âmbito biopolítico é aquela entre *povo* e *população*, que consiste em fazer emergir do próprio seio do povo uma população, ou melhor, em transformar um corpo essencialmente político em um corpo essencialmente biológico, no qual se trata de controlar e regular natalidade e mortalidade, saúde e doença. Com o nascimento do biopoder, cada povo se duplica em população, cada povo *democrático* é, ao mesmo tempo, um povo *demográfico*. No Reich nazista, a legislação de 1933 sobre a "proteção da saúde hereditária do povo alemão" marca precisamente essa cesura originária. A cesura imediatamente sucessiva é que distinguirá, no conjunto da cidadania, os cidadãos de "ascendência ariana" dos de "ascendência não-ariana"; uma cesura posterior separará, entre estes últimos, os judeus (*Volljuden*) em relação aos *Mischlinge* (pessoas que têm apenas um avô judeu ou que têm dois avós judeus, mas que não são de fé judaica nem têm cônjuges judeus na data de 15 de setembro de 1935). As cesuras biopolíticas são, pois, essencialmente móveis e isolam, de cada vez, no *continuum* da vida, uma zona ulterior, que corresponde a um processo de *Entwürdigung* [aviltamento] e de degradação cada vez mais acentuado. Dessa forma, o não-ariano transmuta-se em judeu, o judeu em deportado (*umgesiedelt, ausgesiedelt*), o deportado em internado (*Häftling*), até que, no campo, as cesuras biopolíticas alcancem o seu limite último. O limite é o muçulmano. No ponto em que o *Häftling* se torna muçulmano, a biopolítica do racismo vai, por assim dizer, além da raça e penetra em um umbral em que já não é possível estabelecer cesuras. Nesse momento, o vínculo flutuante entre povo e população se rompe definitivamente e assistimos ao surgimento de algo parecido com uma substância biopolítica absoluta, que não pode ser determinada e nem pode admitir cesuras [*inassegnabile e incesurabile*].

Compreende-se então a função decisiva dos campos no sistema da biopolítica nazista. Eles não são apenas o lugar da morte e do extermínio, mas também, e antes de qualquer outra coisa, o lugar de produção do muçulmano, da última substância biopolítica isolável no *continuum* biológico. Para além disso, há somente a câmara de gás.

Em 1937, durante a celebração de uma reunião secreta, Hitler formula pela primeira vez um conceito biopolítico extremo, que é necessário comentar. Referindo-se à Europa centro-oriental, ele declara que precisa de um *volkloser Raum*, de um espaço sem povo. Como compreender esta singular formulação? Não se trata simplesmente de algo parecido com um deserto, de um espaço geográfico desprovido de habitantes (a região a que ele se referia era densa de povos e nacionalidades diferentes). Designa, isso sim, uma intensidade biopolítica fundamental, que pode pesar sobre qualquer espaço, e por meio da qual os povos se transmutam em população e as populações em muçulmanos. O que o *volkloser Raum* nomeia é o motor interno do campo, entendido como máquina biopolítica que, uma vez implantada em um espaço biopolítico absoluto, o transforma em espaço biopolítico absoluto, ao mesmo tempo *Lebensraum* e *Todesraum* [espaço de vida e espaço de morte], no qual a vida humana passa a estar além de qualquer identidade biopolítica atribuível. A morte é, nesse ponto, um simples epifenômeno.

3
A VERGONHA, OU DO SUJEITO

3.1. No início de *A trégua*, Levi descreve o encontro com a primeira vanguarda russa que, por volta do meio-dia de 27 de janeiro de 1945, chega ao campo de Auschwitz, abandonado pelos alemães. O encontro que sanciona a definitiva libertação do pesadelo não ocorre, porém, sob o signo da alegria, mas, curiosamente, sob o da vergonha:

> Eram quatro jovens soldados a cavalo, que agiam cautelosos, com as metralhadoras embraçadas, ao longo da estrada que demarcava os limites do campo. Quando chegaram ao arame farpado, detiveram-se, trocando palavras breves e tímidas, e lançando olhares trespassados por um estranho embaraço, para observar os cadáveres decompostos, os barracões arruinados, e os poucos vivos.
> [...]
> Não acenavam, não sorriam; pareciam sufocados, não somente por piedade, mas por uma confusa reserva, que selava as suas bocas e subjugava os seus olhos ante o cenário funesto. Era a mesma vergonha conhecida por nós, a que nos esmagava após as seleções, e todas as vezes que devíamos assistir a um ultraje ou suportá-la: a vergonha que os alemães não conheceram, aquela que o justo experimenta ante a culpa cometida por outrem, e se aflige que persista, que tenha sido introduzida irrevogavelmente no mundo das coisas que existem, e que sua boa vontade tenha sido nula ou escassa, e não lhe tenha servido de defesa.[1]

Mais de vinte anos depois, enquanto escreve *Os afogados e os sobreviventes*, Levi volta a perguntar-se sobre essa vergonha, que se

---

[1] P. Levi, *A trégua*, cit., p. 11-2.

apresenta agora como o sentimento dominante entre os sobreviventes, e procura dar-lhes explicações. Não causa espanto, por isso, que assim como acontece em qualquer tentativa de dar explicações, o capítulo do livro que se intitula "A vergonha" acaba no final sendo insatisfatório. Sobretudo porque é a imediata continuação daquele dedicado à extraordinária análise da "zona cinzenta", que se atém conscientemente ao inexplicável, rejeitando temerariamente qualquer explicação. Se diante dos *Kapos*, dos colaboradores e dos "preeminentes" de todo tipo, dos infelizes membros do *Sonderkommando* e até perante Chaim Rumkowski, o *rex judaeorum* do *ghetto* de Lodz, o sobrevivente havia concluído com um *non-liquet* ("peço que a história dos 'corvos do forno crematório' seja meditada com piedade e rigor, mas que o julgamento sobre eles fique suspenso"[2]), no capítulo sobre a vergonha ele parece vinculá-lo apressadamente a um sentimento de culpa ("que muitos – e eu mesmo – tenhamos provado vergonha, ou seja, sentimento de culpa [...]"[3]). Logo depois, na tentativa de identificar as raízes da culpa, o mesmo autor que, pouco antes, havia se arriscado sem temor em um terreno absolutamente inexplorado da ética, submete-se a um exame de consciência tão pueril a ponto de deixar o leitor incomodado. As culpas que daí emergem (ter encolhido, com impaciência, os ombros alguma vez frente aos pedidos de outros companheiros mais jovens, ou o episódio do fio de água compartilhado com Alberto, mas negado a Daniel) são, naturalmente, veniais; contudo, o mal-estar do leitor não pode, no caso, deixar de refletir o embaraço do sobrevivente, a impossibilidade de ele superar a vergonha.

3.2. O sentimento de culpa do sobrevivente é um *locus classicus* da literatura sobre os campos. O seu caráter paradoxal foi expresso por Bettelheim com as seguintes palavras:

> [...] o problema real, de que o sobrevivente com um ser pensante sabe muito bem que não é culpado, como eu, por exemplo, sei sobre mim

---

[2] Idem, *Os afogados e os sobreviventes*, cit., p. 32.
[3] Ibidem, p. 41.

mesmo, mas isto não altera o fato de que a humanidade dessa pessoa, como um ser que sente, exige que ele se *sinta* culpado, e ele se sente. Este é o aspecto mais significativo da sobrevivência.

Não se pode sobreviver ao campo de concentração sem o sentimento de culpa por termos tido tão incrível sorte quando milhões pereceram, muitos deles na frente de nossos olhos [...]. Mas nos campos a pessoa era forçada, dia após dia, durante anos, a assistir a destruição de outros, sentindo – contra qualquer julgamento – que deveria ter intervido, sentindo-se culpada por não tê-lo feito e, acima de tudo, sentindo-se culpada por ter frequentemente ficado feliz por não ter sido ela a morrer, uma vez que sabia que não se tinha o direito de esperar ser o único poupado.[4]

É uma aporia da mesma espécie a que Wiesel compendiou com o apotegma: "Vivo, portanto sou culpado", acrescentando logo depois: "Estou aqui porque um amigo, um companheiro, um desconhecido morreu no meu lugar". A mesma explicação aparece em Ella Lingens, como se o sobrevivente só pudesse viver se fosse no lugar de um outro: "Por acaso, cada um de nós que voltou não carrega consigo um sentimento de culpa que, pelo contrário, os nossos carrascos provam tão raramente: 'eu estou vivo porque os outros morreram no meu lugar'?"[5].

Também Levi provou um sentimento desse tipo. Contudo, não o aceita até suas últimas consequências, lutando tenazmente contra ele. Este conflito encontrou expressão, na poesia que tem por título "Il superstite" [O sobrevivente], ainda em 1984:

Since then, at an uncertain hour
Desde então, em hora incerta,
essa pena retorna,
e se não encontra quem a escute
lhe arde no peito o coração.
Revê os rostos dos seus companheiros
lívidos à primeira luz,
cinzentos de pó de cimento,

---

[4] B. Bettelheim, *Sobrevivência e outros estudos*, cit., p. 278-9.
[5] H. Langbein, *Uomini ad Auschwitz*, cit., p. 496.

> indistintos devido à névoa,
> tingidos de morte nos sonos inquietos:
> de noite batem os queixos
> sob a grave demora dos sonhos,
> mastigando um nabo que não há.
> "Para trás, fora daqui, gente submersa!
> Vão embora! Não suplantei a ninguém,
> não tirei o pão de ninguém,
> ninguém morreu em meu lugar. Ninguém.
> Voltem à névoa de vocês.
> Não é minha culpa se eu vivo e respiro,
> e como e bebo e durmo e tenho vestidos."[6]

Aqui não se trata simplesmente de uma recusa de responsabilidade, conforme é testemunhado pela citação de Dante no último verso. Ela provém do canto 33 do Inferno (v. 141), que descreve o encontro com Ugolino no vale dos traidores. A citação traz uma dupla, implícita, referência ao problema da culpa dos deportados. Por um lado, no "poço escuro" encontram-se os que traíram, especialmente, aos seus próprios parentes e companheiros; por outro, com uma amarga alusão à própria situação de sobrevivente, o verso citado refere-se a alguém que Dante acredita estar vivo, embora só o esteja aparentemente, pois sua alma já foi engolida pela morte.

Dois anos depois, ao escrever *Os afogados e os sobreviventes*, Levi volta a pôr-se a pergunta: "Porventura te envergonhas por estares vivo no lugar de um outro? Ainda mais, no lugar de um homem mais generoso, mais sensível, mais sábio, mais útil, mais digno de viver do que tu?" Também desta vez, porém, a resposta é dúbia:

> É impossível evitar isso: você se examina, repassa todas as suas recordações, esperando encontrá-las todas, e que nenhuma delas se tenha mascarado ou travestido; não, você não vê transgressões evidentes, não defraudou ninguém, não espancou (mas teria força para tanto?), não aceitou encargos (mas não lhe ofereceram...), não roubou o pão de ninguém; no en-

---

[6] P. Levi, "Ad ora incerta" em *Opere* (Torino, Einaudi, 1988), v. 2, p. 581.

tanto, é impossível evitar. É só uma suposição ou, antes a sombra de uma suspeita: a de que cada qual seja o Caim do seu irmão e cada um de nós (mas desta vez digo "nós" num sentido muito amplo, ou melhor, universal) tenha defraudado seu próximo, vivendo em lugar dele.[7]

A própria generalização da acusação (ou melhor, da suspeita) apara de algum modo a ponta, tornando menos dolorosa a ferida. "Ninguém morreu em meu lugar. Ninguém." "Nunca se está no lugar de um outro."[8]

3.3. A outra face da vergonha de quem sobreviveu é a exaltação da simples sobrevivência como tal. Em 1976, Terrence Des Pres, docente na Colgate University, publicou *The survivor, an anatomy of life in the death camps*. O livro, que obteve um sucesso imediato e notável, propunha-se a mostrar que "a sobrevivência é uma experiência dotada de uma estrutura definida, nem fortuita, nem regressiva nem amoral" e, ao mesmo tempo, "tornar visível tal estrutura"[9]. O resultado da verdadeira dissecação anatômica da vida transcorrida pelo autor nos campos consiste em que viver é, em última instância, sobreviver, e em que, na situação extrema de Auschwitz, esse núcleo mais íntimo da "vida em si mesma" vem à luz como tal, libertada das travas e das deformações da cultura. Embora também Des Pres lembre, a certa altura, o espectro do muçulmano, como figura da impossibilidade de sobreviver ("instância empírica da morte na vida"[10]), ele reclama de Bettelheim por ter menosprezado, no seu testemunho, a anônima e cotidiana luta dos deportados pela sobrevivência, em nome de uma antiquada ética do herói, de quem está pronto para renunciar à vida. Para Des Pres, o verdadeiro paradigma ético do nosso tempo é, pelo contrário, o sobrevivente que, sem buscar justificações ideais, "escolhe a vida" e simplesmente luta para sobreviver:

---

[7] P. Levi, *Os afogados e os sobreviventes*, cit., p. 46.
[8] Ibidem, p. 32.
[9] T. des Pres, *The survivor: an anathomy of life in the death camps* (New York, 1977), p. V.
[10] Ibidem, p. 99.

O sobrevivente é o primeiro homem civil que se encontra vivendo para além das constrições da cultura, para além do medo da morte, que só pode ser aplacado quando se nega que a própria vida tenha valor. O sobrevivente é a prova de que hoje há homens e mulheres suficientemente fortes, suficientemente maduros e conscientes, a ponto de enfrentarem a morte sem mediações e abraçarem a vida sem reservas.[11]

A vida, que o sobrevivente opta por "abraçar sem reservas", "o pequeno suplemento de vida"[12] pelo qual está disposto a pagar o preço mais elevado, revela-se, contudo, no final, como algo que não é senão a vida biológica como tal, a simples, impenetrável "prioridade do elemento biológico". Em um perfeito círculo vicioso, no qual o ato de continuar não é mais que um retroceder, a "vida adicional" que a sobrevivência abre é simplesmente um *a priori* absoluto:

> Despojado de tudo exceto da vida, o sobrevivente só consegue contar com algum "talento" biologicamente determinado, reprimido durante muito tempo pelas deformações culturais, com um banco de conhecimentos inscritos nas células do seu corpo. A chave da conduta de sobrevivência encontra-se na prioridade do ser biológico.[13]

3.4. Não causa estranheza que o livro de Des Pres tenha suscitado uma indignada reação por parte de Bettelheim. Em artigo que saiu no *New Yorker* logo depois da publicação do *The survivor*, ele reivindica a importância decisiva do sentimento de culpa no sobrevivente.

> Será uma novidade surpreendente para a maioria dos sobreviventes que eles são "suficientemente fortes, maduros, conscientes... para abraçar a vida sem reservas", uma vez que apenas um número lamentavelmente pequeno daqueles que entram nos campos alemães sobreviveu. E quanto aos muitos milhões que pereceram? Estavam eles "suficientemente conscientes... para abraçar a vida sem reservas" na medida em que eram conduzidos para as câmaras de gás? [...]. E quanto aos muitos sobreviventes que foram completamente destruídos por suas experiências, a ponto de nem mesmo anos do melhor tratamento psiquiátri-

---

[11] Ibidem, p. 245.
[12] Ibidem, p. 24.
[13] Ibidem, p. 228.

co ter podido ajudá-los a enfrentar suas lembranças, que continuam a assombrá-los em suas depressões profundas e frequentemente suicidas? Eles "abraçam a vida sem reservas"? Os colapsos psicóticos e neuroses severas de muitos sobreviventes não merecem atenção? E quanto aos horríveis pesadelos sobre os campos que muito frequentemente me despertam ainda hoje trinta e cinco anos depois, apesar de uma vida muito compensadora, e que cada sobrevivente com quem conversei também experimenta?

[...]

Que demonstração mais impressionante poderia haver de que apenas a capacidade de sentir culpa nos torna humanos, particularmente se, visto objetivamente, não se é culpado?[14]

Apesar dos tons polêmicos, muitos indícios, no entanto, levam a pensar que as duas teses estejam, na verdade, menos distantes entre si do que se pensa. Os dois adversários estão de fato presos, mais ou menos conscientemente, em um curioso círculo, fazendo com que, por um lado, a exaltação da sobrevivência precise remeter constantemente à dignidade ("Em uma situação extrema, há uma estranha circularidade na existência: os sobreviventes conservam a sua dignidade para não começarem a morrer; ocupam-se do seu corpo por uma questão de 'sobrevivência moral'"[15]); por outro lado, a reivindicação da dignidade e do sentimento de culpa não tem outro sentido senão a sobrevivência e o "instinto de vida" ("sobreviviam os prisioneiros que não faziam silenciar a voz do coração e da razão [...]"[16]; "nossa obrigação – não para com aqueles que estão mortos, mas para conosco mesmos, e para aqueles à nossa volta que ainda estão vivos – é fortalecer as pulsões de vida [...]"[17]). E não é, certamente, por acaso que Bettelheim acaba devolvendo a Des Pres a mesma acusação de "ética do heroísmo" que este lhe havia feito: "Ele torna heróis estes sobreviventes casuais. Salientando como os campos de morte produziram tais seres superiores [...]"[18].

---

[14] B. Bettelheim, *Sopravvivere*, cit., p. 277 e 292, respectivamente.
[15] T. des Pres, *The surviver*, cit., p. 72.
[16] B. Bettelheim, *The informed heart*, cit., p. 214.
[17] Idem, *Sobrevivência e outros estudos*, cit., p. 102.
[18] Ibidem, p. 95.

É como se as duas figuras opostas do sobrevivente – quem não consegue deixar de se sentir culpado pela própria sobrevivência, e quem, na sobrevivência, exibe uma pretensão de inocência – revelassem, com seu gesto simétrico, uma secreta solidariedade. Elas constituem, para o ser vivo, as duas faces da impossibilidade de manter separadas a inocência e a culpa, ou melhor, de superar, de alguma maneira, a própria vergonha.

3.5. Não é, de fato, seguro que o sentimento de culpa por viver em lugar de outrem seja a explicação correta para a vergonha do sobrevivente. A tese de Bettelheim – segundo a qual quem sobreviveu é inocente, e, contudo, por isso mesmo é obrigado a sentir-se culpado – já é suspeita. O fato de assumir uma culpa desse tipo – que diz respeito à condição do sobrevivente como tal e não ao que ele, como indivíduo, fez ou deixou de fazer – lembra-nos a difundida tendência de assumir uma genérica culpa coletiva toda vez que se é mal-sucedido na solução de um problema ético. Foi Hannah Arendt quem nos lembrou que a surpreendente disposição dos alemães de qualquer idade em assumirem uma culpa coletiva com respeito ao nazismo, em se sentirem culpados por aquilo que seus pais ou seu povo haviam feito, patenteava contemporaneamente uma surpreendente má-vontade acerca do estabelecimento das responsabilidades individuais e da punição de cada um dos delitos. De modo semelhante, a Igreja Evangélica alemã declarou publicamente que "era corresponsável frente ao Deus de Misericórdia do mal que o nosso povo fez aos judeus"; não se mostrou, porém, capaz de tirar a inevitável consequência de que tal responsabilidade não tinha a ver, realmente, com o Deus de Misericórdia, e, sim, com o Deus de Justiça, e teria, portanto, implicado a punição dos pastores culpados por terem justificado o antissemitismo. A mesma coisa pode-se dizer com relação à Igreja Católica que, ainda recentemente, por meio de uma declaração do episcopado francês, se manifestou disposta a reconhecer sua própria culpa coletiva com respeito aos judeus; contudo, a mesma Igreja sempre se negou a admitir as precisas, graves e documentadas omissões do Pontífice Pio XII, relativas à perseguição e ao extermínio dos judeus (e, de maneira particular, relativas à deportação dos judeus romanos em outubro de 1943).

Levi está totalmente convencido de que falar de culpa – ou de inocência – coletiva não tem sentido algum e de que só por metáfora se pode dizer que alguém se sente culpado pelo que fizeram o próprio povo ou o próprio pai. Ao alemão que lhe escreve, não sem hipocrisia, que "a culpa recai pesadamente em meu pobre povo traído e desencaminhado", ele retruca dizendo que "se deve responder em primeira pessoa pelos crimes e pelos erros, senão todo vestígio de civilização desapareceria da face da terra"[19]. E ao falar, uma só vez, de culpa coletiva, ele a entende no único sentido possível para ele, a saber, como culpa cometida por "quase todos os alemães de então": a de não terem tido a coragem de falar, de testemunhar a respeito de tudo que não podiam deixar de ter visto.

3.6. Mas há também outro motivo que leva a desconfiar dessa explicação. Ela tem a pretensão, mais ou menos consciente, mais ou menos explícita, de apresentar a vergonha do sobrevivente como um conflito trágico. De Hegel em diante, o culpado-inocente é a figura com a qual a cultura moderna interpretou a tragédia grega e, com ela, suas mais secretas discórdias. "Em todos esses conflitos trágicos", escreveu Hegel, "devemos, antes de tudo, descartar a falsa representação de *culpa* ou *inocência*; os heróis trágicos são, ao mesmo tempo, culpados e inocentes"[20]. O conflito a que se refere Hegel não apresenta, porém, a forma de um caso de consciência, que oponha simplesmente uma inocência subjetiva a uma culpa objetiva; trágica é, pelo contrário, a assunção incondicionada de uma culpa objetiva por parte de um sujeito que nos parece inocente. Assim, no *Édipo rei*,

se trata da legitimidade daquilo que o homem faz com um querer autoconsciente, frente ao que realmente fez involuntária e inconscientemente, por determinação divina. Édipo matou o pai, casou com a mãe, gerou filhos por meio de um matrimônio incestuoso – e, mesmo assim, viu-se envolvido nesses horrendos delitos sem o querer e sem

---

[19] P. Levi, *Os afogados e os sobreviventes*, cit., p. 109 e 110.
[20] G. W. F. Hegel, *Estetica* (Torino, Einaudi, 1967), p. 1356 [ed. bras.: *A fenomenologia do espírito; Estética, A ideia e o ideal; Estética, o belo artístico e o ideal; Introdução a história da filosofia*, São Paulo, Abril Cultural, 1974].

estar consciente disso. O direito da nossa mais profunda consciência contemporânea consistiria em nos recusarmos a reconhecer tais crimes como atos do próprio Eu, pois eles aconteceram fora da consciência e da vontade; mas o grego, plástico, assume a responsabilidade pelo que fez como indivíduo, e não separa a subjetividade formal da autoconsciência em relação ao que constitui a coisa objetiva... Desses atos, porém, eles não querem ser inocentes; pelo contrário, a glória deles consiste em terem realmente feito o que fizeram. A um herói deste tipo nada pior se poderia dizer do que afirmar que agiu sem culpa.[21]

Nada está mais distante desse modelo do que Auschwitz. Aqui, o deportado vê aumentar de tal forma o abismo entre inocência subjetiva e culpa objetiva, entre o que ele fez e aquilo pelo qual se pode sentir responsável, que não consegue assumir nenhum de seus atos. Com uma inversão que beira a paródia, ele se sente inocente exatamente por aquilo de que o herói trágico se sente culpado, e culpado quando este se sente inocente. Tal é o sentido do especial *Befehlnotstand*, do "estado de constrição consequente a uma ordem" lembrado por Levi a propósito dos membros do *Sonderkommando,* que torna qualquer conflito trágico impossível em Auschwitz. O elemento objetivo que era, em todo caso, a instância decisiva para o herói grego transforma-se, nesse caso, naquilo que impossibilita a decisão. E por não conseguir mais dar conta de seus atos, a vítima procura refúgio, como o faz Bettelheim, sob a nobre máscara da culpa inocente.

Mas é sobretudo a facilidade com que isso é lembrado pelos carrascos – e nem sempre com má-fé – que nos leva a desconfiar da adequação do modelo trágico para explicar Auschwitz. Que o recurso ao *Befehlnotstand* por parte dos funcionários nazistas fosse um descaramento foi observado em várias ocasiões (inclusive pelo próprio Levi[22]). Contudo, a partir de um determinado momento, eles certamente recorrem ao mesmo não tanto para escaparem da condenação (a objeção já foi rejeitada durante o primeiro processo de

---

[21] Ibidem, p. 1356-8.
[22] *Os afogados e os sobreviventes,* cit., p. 32.

Nuremberg, haja vista que o próprio código militar alemão continha um artigo autorizando a desobediência nos casos extremos), e sim para apresentarem aos seus próprios olhos a situação nos termos – evidentemente mais aceitáveis – de um conflito trágico. "O meu cliente sente-se culpado diante de Deus, não diante da lei" – repetia em Jerusalém o advogado de Eichmann.

Caso exemplar é o de Fritz Stangl, comandante do campo de extermínio de Treblinka, cuja personalidade Gitta Sereny procurou reconstruir pacientemente mediante uma série de colóquios no cárcere de Dusseldorf, em livro que tem por título significativo *Naquelas trevas*. Ele continuou sustentando obstinadamente, até o fim, a sua inocência a respeito dos crimes que lhe são imputados, sem os contestar minimamente no plano dos fatos. Mas, durante o último colóquio, que acontece no dia 27 de junho de 1971, poucas horas antes de sua morte em consequência de colapso cardíaco, a autora tem a impressão de que as últimas resistências tenham ruído e de que, "naquelas trevas", tenha surgido com muito esforço uma espécie de vislumbre de consciência ética:

"Pelo que fiz, minha consciência está limpa" – disse – as mesmas palavras, rigidamente proferidas, que havia repetido muitas vezes no seu processo e nas semanas passadas, toda vez que havíamos voltado ao assunto. Desta vez, porém, eu não disse nada. Ele fez uma pausa e esperou, mas o recinto ficou em silêncio. "Eu nunca fiz mal a ninguém, intencionalmente", disse em tom diferente, menos incisivo, e de novo esperou – por bom tempo. Pela primeira vez, em todos esses dias, eu não lhe dava ajuda alguma. Não havia mais tempo. Ele se agarrou à mesa com ambas as mãos, como se estivesse se apoiando. "Mas eu estava ali" – disse depois, em tom de resignação, curiosamente seco e cansado. Precisara de quase meia hora para pronunciar essas poucas frases. "E por isso, sim..." – disse no final, muito pacatamente – "na verdade, compartilho a culpa... porque a minha culpa... a minha culpa.... só agora, nessas conversas... agora que falei... agora que pela primeira vez eu disse tudo..." E parou. Havia pronunciado as palavras "a minha culpa": mais que palavras, porém, houve um afrouxar-se do rosto, o rosto caído, que denunciava a importância daquela admissão. Depois de um minuto, continuou, como a contragosto, com voz átona. "A minha culpa – disse - é a de estar ainda aqui. Essa é a minha culpa."²³

Tratando-se de um homem que havia dirigido a morte de milhares de seres humanos nas câmaras de gás, a lembrança alusiva a um conflito trágico de um tipo novo, tão inextricável e enigmático a ponto de que só a morte poderia tê-lo resolvido sem injustiça, não significa – conforme parece sustentar Sereny, ocupada exclusivamente com sua dialética de confissão e de culpa – o aflorar de um instante de verdade, fazendo com que Stangl "se tivesse tornado o homem que deveria ter sido"²⁴. Ela assinala, pelo contrário, a ruína definitiva da sua capacidade de testemunhar, o fechamento desesperado "daquelas trevas" sobre si mesmas. O herói grego despediu-se de nós para sempre, não podendo mais, em caso algum, testemunhar por nós; depois de Auschwitz, não é possível utilizar um paradigma trágico na ética.

3.7. A ética do nosso século inaugura-se com a superação nietzschiana do ressentimento. Contra a impotência da vontade com respeito ao passado, contra o espírito de vingança por aquilo que irrevogavelmente foi e não pode mais ser querido, Zaratustra ensina os homens a quererem para trás, a desejarem que tudo se repita. A crítica da moral judaico-cristã realiza-se em nosso século em nome da capacidade de assumirmos integralmente o passado, de libertarmo-nos de uma vez por todas da culpa e da má consciência. O eterno retorno é, antes de tudo, vitória sobre o ressentimento, possibilidade de querer o que foi, de transformar todo "assim foi" em um "assim quis que fosse" – *amor fati*.

Mesmo com respeito a isso, Auschwitz representa uma ruptura decisiva. Imaginemos que se repita a experiência que, na *Gaia ciência*, Nietzsche propõe sob o título "O peso formidável":

E se, durante o dia ou à noite, um demônio te seguisse à mais solitária de tuas solidões e te dissesse: – Esta vida, tal qual a vives atualmente, é preciso que a revivas ainda uma vez e uma quantidade inumerável de vezes e nada haverá de novo, pelo contrário! – É preciso que cada dor

---

²³ G. Sereny, *In quelle tenebre*, cit., p. 492 ss.
²⁴ Ibidem, p. 495.

e cada alegria, cada pensamento e cada suspiro, todo o infinitamente grande e infinitamente pequeno de tua vida aconteça-te novamente, tudo na mesma sequência e mesma ordem – esta aranha e esta lua entre o arvoredo e também este instante e eu mesmo; a eterna ampulheta da existência será invertida sem detença e tu com ela, poeira das poeiras! Não te lançarás à terra ringindo os dentes e amaldiçoando o demônio que assim tivesse falado?

A simples reformulação da experiência basta para refutá-la para além de qualquer dúvida, para fazer que nunca mais se possa propor de novo. Essa falência da ética do século XX diante de Auschwitz não depende, no entanto, do fato de que isso que lá aconteceu seja demasiadamente atroz para que ninguém possa querer que nunca se repita, amando-o como um destino. Na experiência nietzschiana, o horror dava-se obviamente desde o princípio, a ponto de que o seu primeiro efeito sobre quem o ouve fosse, precisamente, o fato de lhe fazer "ranger os dentes e maldizer o demônio que falou desta maneira". Mas nem sequer se pode dizer que o fiasco da lição de Zaratustra implique a pura e simples restauração da moral do ressentimento, embora, para as vítimas, a tentação seja grande. Jean Améry chegou assim a enunciar uma verdadeira ética antinietzschiana do ressentimento, a qual simplesmente recusa "aceitar que o sucedido tenha sido o que foi"[25].

> Os ressentimentos como dominante existencial são, para os meus pares, o êxito de uma longa evolução pessoal e histórica... Meus ressentimentos existem para que o delito se torne realidade moral para o criminoso, para que seja confrontado com a verdade do seu malfeito... Nos dois decênios dedicados à reflexão sobre o que me aconteceu, acredito ter compreendido que a remissão e o esquecimento provocados por uma pressão social são imorais... O sentido natural do tempo encontra realmente suas raízes no processo fisiológico de cicatrização das feridas e passou a fazer parte da representação social da realidade. Precisamente por tal motivo, ele tem um caráter não apenas extra moral, mas *anti*moral. É direito e privilégio do ser humano não se declarar de acordo com todo acontecimento natural e,

---

[25] J. Améry, *Un intelletuale a Auschwitz*, cit., p. 123.

por conseguinte, nem mesmo com a cicatrização biológica provocada pelo tempo. O que passou, passou: tal expressão é, ao mesmo tempo, verdadeira e contrária à moral e ao espírito... O homem moral exige a suspensão do tempo; no nosso caso, encravando o malfeitor no seu malfeito. Dessa maneira, cumprida a inversão moral efetuada pelo tempo, ele poderá ser comparado com a vítima enquanto seu semelhante.²⁶

Não há nada disso em Primo Levi. É verdade que ele recusa a definição de "perdoador" que lhe foi atribuída privadamente por Améry. "Não tenho tendência a perdoar, jamais perdoei a nenhum de nossos inimigos de então."²⁷ Contudo, a impossibilidade de querer o eterno retorno de Auschwitz tem, para ele, outra e bem diversa raiz, que implica uma nova, inaudita consistência ontológica do acontecido. *Não se pode querer que Auschwitz retorne eternamente, porque, na verdade, nunca deixou de acontecer, já se está repetindo sempre.* Essa feroz e implacável experiência, para Levi, se apresentou na forma de um sonho.

É um sonho dentro de outro sonho, diferente nos detalhes, único na substância. Estou à mesa com a família, ou com amigos, ou no trabalho, ou na verde campina: em ambiente aprazível e distendido, aparentemente privado de tensão e de dor; mesmo assim, sinto uma angústia sutil e profunda, a sensação definida de uma ameaça que pesa sobre mim. Realmente, à medida que o sonho flui, pouco a pouco ou brutalmente, toda vez de forma diferente, tudo desaba e se desfaz ao meu redor, o cenário, as paredes, as pessoas, e a angústia se torna mais intensa e mais precisa. Tudo agora transformou-se em caos: estou só, no centro de um nada cinzento e turvo, e, de repente, eu *sei* o que isso significa, e também sei que sempre o soube: estou de novo no Lager, e nada era verdadeiro a não ser o Lager. O resto eram breves férias, ou engano dos sentidos, sonho: a família, a natureza em flor, a casa. Agora este sonho interno, o sonho de paz, acabou, e, no sonho externo, que prossegue gélido, ouço ressoar uma voz, bem conhecida; uma só palavra, não imperiosa, aliás breve e abafada. É a voz de comando do amanhecer de Auschwitz, uma palavra estrangeira, temida e esperada; levantar-se, "Wstawać". ²⁸

---

²⁶ Ibidem, p. 122-4.
²⁷ P. Levi, *Os afogados e os sobreviventes*, cit., p. 83.
²⁸ P. Levi, "Ad ora incerta", cit., p. 254 ss.

A vergonha, ou do sujeito • 107

Na variante registrada numa poesia de "Ad ora incerta" [Em hora incerta], a experiência já não tem a forma de um sonho, e sim a de uma certeza profética:

> Sonhávamos nas noites ferozes
> sonhos densos e violentos
> sonhados com alma e corpo:
> voltar, comer; contar o que aconteceu.
> Até que soava breve e abafada
> a voz de comando do amanhecer:
> "Wstawać";
> e no peito se rompia o coração.
> Agora reencontramos a casa,
> o nosso estômago está saciado,
> acabamos de contar o que aconteceu.
> Chegou a hora. Logo ouviremos ainda
> a voz de comando estrangeira:
> "Wstawać".[29]

O problema ético mudou radicalmente de forma nesse caso: já não se trata de derrotar o espírito de vingança para assumir o passado, para querer que ele volte eternamente. Nem se trata de manter com firmeza o inaceitável por meio do ressentimento. O que temos agora pela frente é um ser para além da aceitação e da rejeição, do eterno passado e do eterno presente – um acontecimento que eternamente volta, mas que, precisamente por isso, é absoluta e eternamente não-assumível. Para além do bem e do mal não está a inocência do devir, porém uma vergonha não só sem culpa, mas, por assim dizer, já sem tempo.

3.8. Para além de qualquer dúvida, Antelme dá seu testemunho no sentido de que a vergonha não é, realmente, sentimento de culpa, vergonha por ter sobrevivido a um outro, mas de que tem outra causa, mais difícil e obscura. Ele nos conta que, quando a guerra já estava no fim, durante a louca marcha para transferir os prisioneiros de Bu-

---

[29] Ibidem, p. 530.

chenwald até Dachau, as SS, acossadas pelas tropas aliadas, fuzilavam em pequenos grupos todos os que, pelas suas condições, podiam atrasar a marcha. Às vezes, na pressa, a dizimação acontecia ao acaso, sem nenhum critério aparente. Um dia, toca a um jovem italiano.

A SS continua chamando: *Du komme hier* [*Tu, vem cá*]! É outro italiano que sai. Um estudante de Bolonha. Conheço-o, olho para ele e vejo que seu rosto ficou vermelho. Olhei-o atentamente, aquele surpreendente rubor o terei sempre nos olhos. Tem o ar confuso, e não sabe o que fazer com suas mãos... Ficou vermelho logo depois que a SS lhe disse: *Du komme hier*! Olhou em volta de si antes de avermelhar, mas era precisamente ele que queriam e então ficou vermelho quando não teve mais dúvidas. A SS procurava um homem, um qualquer, para matar, havia "escolhido" a ele. Não se perguntou por que este e não outro. E nem o italiano se perguntou "por que eu, e não outro"[...][30]

É difícil esquecer o rubor do anônimo estudante de Bolonha, morto durante as marchas, sozinho, no último instante, às margens da estrada, com o seu assassino. Certamente, a intimidade que se sente diante do próprio desconhecido assassino é a intimidade mais extrema, que pode, como tal, provocar vergonha. Contudo, qualquer que seja a causa do rubor, certamente ele não se envergonha por ter sobrevivido. E sim, de acordo com toda aparência, ele se envergonha por dever morrer, por ter sido escolhido ao acaso, ele e não outro, para ser morto. Esse é o único sentido que pode ter, nos campos, a expressão "morrer no lugar de um outro": que todos morrem e vivem no lugar de um outro, sem razão nem sentido; que o campo é o lugar em que realmente ninguém consegue morrer ou sobreviver no seu próprio lugar. Auschwitz significou também isso: que o homem, ao morrer, não pode encontrar para sua morte outro sentido senão aquele rubor, senão aquela vergonha.

Em todo caso, o estudante não se envergonha por ter sobrevivido. Pelo contrário, o que lhe sobrevive é a vergonha. Também nesse caso Kafka foi bom profeta. No final de *O processo*, no momento em que Josef K. está para morrer "como um cão", e a faca do carrasco se

---

[30] R. Antelme, *La specie umana*, cit., p. 226.

afunda duas vezes no coração, produz-se nele algo parecido com uma vergonha: "era como se a vergonha lhe devesse sobreviver". De que se envergonha Josef K.? Por que o estudante de Bolonha fica vermelho? É como se o rubor nas bochechas sinalizasse que, por um momento, se roçou o limite, que se tocou, no ser vivo, algo como uma nova matéria ética. Não se trata seguramente de um fato que ele poderia testemunhar de forma diferente, que ele pudesse tentar expressar com palavras. De toda forma, porém, o rubor é como se fosse uma apóstrofe muda que voa pelos anos e nos alcança, testemunhando por ele.

3.9. Em 1935, Emmanuel Levinas traçou um esboço exemplar a respeito da vergonha. Segundo o filósofo, a vergonha não deriva, como acontece na doutrina dos moralistas, da consciência de uma imperfeição ou de uma carência do nosso ser frente à qual tomamos distância. Pelo contrário, ela fundamenta-se na impossibilidade do nosso ser de *dessolidarizar-se* de si mesmo, na sua absoluta incapacidade de romper consigo próprio. Se, na nudez, sentimos vergonha é porque não podemos esconder o que gostaríamos de subtrair ao olhar, porque o impulso irrefreável de fugir de si mesmo encontra seu paralelo em uma impossibilidade, igualmente certa, de evadir--se. Assim como na necessidade corporal e na náusea – que Levinas associa à vergonha em um mesmo diagnóstico – fazemos a experiência da nossa revoltante e, no entanto, não suprimível presença a nós mesmos, assim, no caso da vergonha, ficamos entregues a algo de que, de forma alguma, conseguimos desfazer-nos.

> O que aparece na vergonha é, portanto, precisamente o fato de se estar pregado a si mesmo, a impossibilidade radical de fugirmos de nós para nos escondermos de nós mesmos, a presença irremissível do eu frente a si mesmo. A nudez é vergonhosa quando é o patentear-se [*la patenza*] do nosso ser, da sua intimidade última. E a nudez do nosso corpo não é a de algo material, antitético ao espírito, e sim a nudez do nosso ser total em toda a sua plenitude e solidez, da sua expressão mais brutal, de que não podemos deixar de dar-nos conta. O apito que Charlie Chaplin engole em *Luzes da Ribalta* faz com que apareça o escândalo

da presença brutal do seu ser; é como se fosse um gravador que permite pôr a nu as manifestações discretas de uma presença que, de resto, o lendário traje de Charlot apenas dissimula... É a nossa intimidade, ou melhor, a nossa presença a nós mesmos que é vergonhosa. Ela não desvela o nosso nada, mas a totalidade da nossa existência... O que a vergonha descobre é o ser que *se descobre*.[31]

Tentemos prosseguir a análise de Levinas. Envergonhar-se significa: ser entregue a um *inassumível* [*inassumibile*]. No entanto, este *inassumível* não é algo exterior, mas provém da nossa própria intimidade; é aquilo que em nós existe de mais íntimo (por exemplo, a nossa própria vida fisiológica). O eu é, nesse caso, ultrapassado e superado pela sua própria passividade, pela sua sensibilidade mais própria; contudo, esse ser expropriado e dessubjetivado é também uma extrema e irredutível presença do eu a si mesmo. É como se nossa consciência desabasse e nos escapasse por todos os lados e, ao mesmo tempo, fosse convocada, por um decreto irrecusável, a assistir, sem remédio, ao próprio desmantelamento, ao fato de já não ser meu tudo o que me é absolutamente próprio. Na vergonha, o sujeito não tem outro conteúdo senão a própria *dessubjetivação*, convertendo-se em testemunha do próprio desconcerto, da própria perda de si como sujeito. Esse duplo movimento, de subjetivação e de dessubjetivação, é a vergonha.

3.10. No curso do semestre invernal 1942-43, dedicado a Parmênides, também Heidegger havia abordado o tema da vergonha – mais precisamente do termo correspondente em grego *aidòs*, que ele define "uma palavra fundamental da autêntica helenicidade"[32]. Segundo o filósofo, a vergonha é algo mais do que "um sentimento que o homem tem"; é, sobretudo, a tonalidade emotiva que atravessa e determina o seu ser inteiro. A vergonha é, pois, uma espécie de sentimento ontológico, que encontra seu lugar próprio no encontro entre o homem e o ser; tem tão pouco a ver com um fenômeno psi-

---

[31] E. Levinas, *De l'évasion* (Montpellier, Fata Morgana, 1982), p. 68 ss.
[32] M. Heidegger, *Parmenides* (Frankfurt a.M., Kloestermann, 1982), GA v. 54, p. 110.

A vergonha, ou do sujeito • 111

cológico, que Heidegger pode escrever que "o ser mesmo traz consigo a vergonha, a vergonha de ser"³³.

Para sublinhar o caráter ontológico da vergonha – o fato de que, na vergonha, nos encontramos expostos frente a um ser que se envergonha ele mesmo –, Heidegger propõe que a compreendamos a partir do asco (*Abscheu*). Curiosamente, porém, tal conexão não tem continuidade, como se fosse imediatamente evidente, o que de fato não é. Por sorte, temos a respeito do asco outra análise, breve mas pertinente, em um aforismo de *Rua de mão única*. Segundo Benjamin, a sensação dominante no asco é o medo de sermos reconhecidos por aquilo de que sentimos asco. "O que se assusta profundamente no homem é a consciência obscura de que, nele, permanece em vida algo de tão pouco alheio ao animal provocador de asco, que possa ser reconhecido por este."³⁴ Isso significa que quem prova asco, de algum modo se reconheceu no objeto de sua repulsa, e teme, por sua vez, ser reconhecido por ele. O homem que sente asco reconhece-se em uma alteridade *inassumível*, ou seja, subjetiva-se em uma absoluta dessubjetivação.

Reciprocidade desse tipo encontramos na análise que, mais ou menos nos mesmos anos, Kerényi dedica a *aidòs*, no seu livro *A religião antiga*. Segundo o mitólogo húngaro, *aidòs*, a vergonha, é, ao mesmo tempo, passividade e atividade, ser olhado e olhar.

No fenômeno da *aidòs*, situação fundamental da experiência religiosa dos gregos, unem-se reciprocamente visão ativa e visão passiva, o homem que olha e é olhado, mundo olhado e que olha – em que o ver significa também penetrar... o Heleno não só "nasceu para ver", "chamado a olhar", a forma da sua existência é o ser olhado.³⁵

Nessa reciprocidade de visão ativa e passiva, a *aidòs* é algo semelhante à experiência de assistir ao próprio ser visto e de ser tomado

---

[33] Ibidem, p. 110 e 111, respectivamente.
[34] W. Benjamin, "Rua de mão única" em *Obras escolhidas II: Rua de mão única* (São Paulo, Brasiliense, 2000), p. 16.
[35] K. Kerényi, *La religione antica nelle sue linee fondamentali* (Roma, Astrolabio, 1951), p. 88.

como testemunha do que se olha. Assim como Heitor diante do seio desnudado da mãe ("Heitor, filho meu, sente *aidòs* diante disso!"), quem sente vergonha acaba oprimido pelo próprio fato de ser sujeito da visão, devendo responder por aquilo que lhe tira a palavra. Podemos assim antecipar uma primeira e provisória definição da vergonha. Ela é nada menos que o sentimento fundamental do ser sujeito, nos dois sentidos – pelo menos na aparência – opostos do termo: ser sujeitado e ser soberano. Ela é o que se produz na absoluta concomitância entre uma subjetivação e uma dessubjetivação entre um perder-se e um possuir-se, entre uma servidão e uma soberania.

3.11. Há um âmbito particular em que o caráter paradoxal da vergonha é assumido conscientemente como objeto, a fim de ser transformado em prazer, ou melhor, em que a vergonha, por assim dizer, é levada para além de si mesma. Refiro-me ao sadomasoquismo. Nesse caso, um sujeito passivo – o masoquista – apaixona-se de tal maneira pela própria passividade, que a supera infinitamente, a ponto de abdicar de sua condição de sujeito e se submeter integralmente a outro sujeito – o sádico. Disso nasce a cerimoniosa panóplia das ataduras, dos contratos, dos metais, das bainhas, das suturas, das coações de toda espécie, por meio de que o sujeito masoquista busca em vão conter e fixar ironicamente a passividade *inassumível*, que o ultrapassa deliciosamente por todos os lados. É só porque o sofrimento próprio do masoquista consiste, antes de tudo, em não poder assumir a própria receptividade, que a sua dor poderá converter-se imediatamente em volúpia. O que, porém, constitui a sutileza da estratégia masoquista, quase a sua sarcástica profundidade, é ele poder conseguir gozar com aquilo que o ultrapassa unicamente se encontrar fora de si um ponto que lhe possibilite assumir a própria passividade, o próprio e *inassumível* prazer. Este ponto externo é o sujeito sádico, é o senhor.

O sadomasoquismo apresenta-se, portanto, como um sistema bipolar, no qual uma passibilidade infinita – o masoquista – encontra uma impassibilidade igualmente infinita (o sádico), e subjetivação e dessubjetivação circulam incessantemente entre os dois polos, sem pertencer propriamente a nenhum deles. A indeterminação, contudo, não afeta apenas os sujeitos do poder, mas também os do saber. A dialética entre senhor e escravo não é, nesse caso, o resultado de uma luta pela vida e pela morte, e sim de uma "disciplina" infinita, de um minucioso e interminável processo de ensino e aprendizagem, no qual os dois sujeitos acabam trocando os papéis. Assim como o sujeito masoquista realmente só pode assumir o seu prazer no senhor, assim também o sujeito sádico só pode reconhecer-se como tal, só pode assumir o seu impassível saber, se o transmitir ao escravo mediante uma instrução e uma punição infinita. Tendo em conta, porém, que, por definição, o sujeito masoquista goza do seu cruel tirocínio, o que deveria servir para transmitir um saber – a punição – serve, pelo contrário, para transmitir um prazer, fazendo com que disciplina e aprendizagem, mestre e aluno, senhor e escravo se confundam sem remédio. Tal indiscernibilidade entre disciplina e gozo, no que os dois sujeitos por um instante coincidem, é, precisamente, a vergonha, que o mestre indignado não para de recordar ao seu humorístico aluno: "Fala, não te envergonhas?!" Ou melhor: "Não te dás conta de ser o sujeito da tua própria dessubjetivação?"

3.12. Não causa surpresa que um perfeito equivalente da vergonha se encontre exatamente na estrutura originária da subjetividade, que, na filosofia moderna, é chamada de *autoafeição*, e que, a partir de Kant, se costuma identificar com o tempo. O que define o tempo – enquanto é a forma do sentido interno, ou seja, "da nossa intuição de nós mesmos e do nosso estado interno"[36] – é, segundo Kant, que nele "o intelecto [...] exerce sobre o sujeito passivo, do qual ele mesmo é a faculdade, uma ação a partir da qual justificadamente dizemos que é por meio dela que é afetado o sentido interno", e que, por isso, no tempo "nós intuímos a nós mesmos por meio dele somente enquanto somos afetados internamente por nós mesmos"[37]. Prova evidente desta automodificação implícita na nossa intuição de nós mesmos é, para Kant, o fato de que não podemos pensar o tempo

---

[36] I. Kant, *Crítica della region pura* (Roma-Bari, Laterza, 1981), p. 45 [ed. bras.: *Crítica da razão pura* São Paulo, Abril Cultural, 1980].
[37] Ibidem, p. 146 e 148, respectivamente.

sem traçarmos na imaginação uma linha reta, que é, por assim dizer, o traço imediato do gesto de autoafeição. Nesse sentido, o tempo é autoafeição; mas, precisamente por isso, Kant pode falar de um verdadeiro "paradoxo", que consiste no fato de que nós "deveremos comportar-nos como passivos com respeito a nós mesmos" (*wir uns gegen uns selbst als leidend verhalten mussten*[38]). Como devemos entender tal paradoxo? O que significa sermos passivos com respeito a nós mesmos? É claro que passividade não significa simplesmente receptividade, o mero fato de sermos afetados por um princípio ativo externo. Dado que, no caso, tudo ocorre no interior do sujeito, atividade e passividade devem coincidir, e o sujeito passivo deve ser ativo com respeito à própria passividade, deve comportar-se (*verhalten*) "contra" si mesmo (*gegen uns selbst*) como passivo. Se definirmos simplesmente como receptiva a película fotográfica que é impressionada pela luz ou a cera mole sobre a qual se imprime a imagem do carimbo, então chamaremos de passivo unicamente o que, por assim dizer, sente ativamente o seu ser passivo, o que *é afetado por sua própria receptividade*. A passividade – enquanto autoafeição – é, pois, uma receptividade elevada à segunda potência, que padece de si mesma, que se apaixona pela própria passividade.

Ao comentar essas páginas kantianas, Heidegger define o tempo como "afeição pura de si", que tem a forma singular de um "mover a partir de si para [...]" que é, contemporaneamente, um "olhar para trás". Só nesse complicado gesto, no olhar para si no próprio ato de afastar-se de si, pode constituir-se algo como um "eu mesmo".

O tempo não é uma afeição ativa que atinge um eu mesmo já disponível; como autoafeição pura, ele forma a própria essência do que se pode definir como um ter a ver consigo mesmo em geral... Mas o eu mesmo, com que algo pode ter a ver como tal, é, por essência, o sujeito finito. O tempo, na sua qualidade de autoafeição pura, forma a estrutura essencial da subjetividade. Somente baseado nessa mesmidade, o ser finito pode ser o que deve ser: um ser destinado à recepção. [39]

---
[38] Ibidem, p. 148.
[39] M. Heidegger, *Kant e il problema della metafisica* (Milano, Silva, 1962), p. 249.

Aqui aparece evidenciada a analogia com a vergonha – que definimos como o ser entregue a uma passividade *inassumível* –, e a vergonha apresenta-se inclusive como a tonalidade emotiva mais própria da subjetividade. De fato, não há nada de vergonhoso em um ser humano que sofre, contra sua vontade, uma violência sexual; se ele, porém, sente prazer por sofrer violência, se ele se apaixona por sua passividade – ou melhor, se ocorrer a produção de autoafeição – só então se pode falar de vergonha. Por isso, os gregos separavam claramente, na relação homossexual, o sujeito ativo (o *erastés*) do sujeito passivo (o *erómenos*) e exigiam, para que houvesse eticidade na relação, que o *erómenos* não sentisse prazer. Assim, como forma da subjetividade, a passividade está, constitutivamente cindida em um polo puramente receptivo (o muçulmano) e em um polo ativamente passivo (a testemunha), de maneira tal, porém, que esta cisão nunca saia de si mesma, que nunca separe totalmente os dois polos, tendo sempre, pelo contrário, a forma de uma *intimidade*, da entrega de si a uma passividade, de um fazer-se passivo, em que os dois termos ao mesmo tempo se distinguem e se confundem.

No *Compendium grammatices linguae hebraeae*, Spinoza exemplifica o conceito de causa imanente – a saber, de uma ação na qual agente e paciente são uma mesma e única pessoa – com as categorias verbais hebraicas do reflexivo ativo e do nome infinitivo.

> Dado que frequentemente acontece – escreve ele a respeito deste último – que o agente e o paciente sejam uma só e mesma pessoa, foi necessário para os judeus formarem uma nova e sétima espécie de infinito, com a qual eles pudessem expressar a ação referida, ao mesmo tempo, ao agente a ao paciente, e que tivesse, contemporaneamente, a forma do ativo e do passivo... Foi, portanto, necessário inventar outra espécie de infinito, que expressasse a ação referida ao agente como causa imanente... a qual, como dissemos, significa "visitar a si mesmo", ou seja, "constituir-se como visitante ou, enfim, mostrar-se visitante" (*constituere se visitantem, vel denique praebere se visitantem*). [40]

---

[40] B. Spinoza, *Compendium grammatices linguae hebraeae* em *Opera* (org. Gebhardt, Heidelberg, 1925), v. 3, p. 361.

Para explicar o sentido dessas formas verbais, Spinoza não considera suficiente a simples – embora, no caso específico, não trivial – forma reflexiva "visitar-se"; ele se sente obrigado a formar o singular sintagma "constituir-se visitante" ou "mostrar-se visitante" (pela mesma razão, poderia ter escrito "constituir-se ou mostrar-se visitado"). Assim como, na linguagem comum, para definir uma pessoa que sente prazer ao sofrer algo (ou, em todo caso, é cúmplice desse sofrer) se declara que ele "se faz fazer" algo (e não simplesmente que algo lhe é feito), assim também a coincidência de agente e paciente em um sujeito não tem a forma de uma identidade inerte, mas de um movimento complexo de autoafeição, no qual o sujeito constitui – ou mostra – a si mesmo como passivo (ou ativo), de modo que atividade e passividade nunca possam ser separados, mostrando-se como distintas na sua impossível coincidência em um *eu*. O *eu* é o que se produz como resto no duplo movimento – ativo e passivo – da autoafeição. Por esse motivo, a subjetividade tem, constitutivamente, a forma de uma subjetivação e de uma dessubjetivação; por isso, ela é, no seu íntimo, vergonha. O rubor é o resto que, em toda subjetivação, denuncia uma dessubjetivação e, em toda dessubjetivação, dá testemunho de um sujeito.

3.13. Há um documento excepcional sobre a dessubjetivação como experiência vergonhosa, e, mesmo assim, inevitável. Trata-se da carta enviada por Keats a John Woodhouse no dia 27 de outubro de 1818. A "confissão vergonhosa", de que fala a carta, tem a ver com o próprio sujeito poético, o seu incessante faltar a si mesmo para consistir somente na alienação e na inexistência. As teses que a carta enuncia na forma de paradoxo são bem conhecidas:

1) *O eu poético não é um eu, não é idêntico a si*: "Quanto ao próprio caráter poético (refiro-me à espécie da qual, se eu for algo, eu sou membro), ele não é ele mesmo – não tem *self* – é toda coisa e nada – não tem caráter (*it is not itself – it has no self – it is every thing and nothing – it has no character*)."[41]

---

[41] J. Keats, *The Letters of John Keats*, org. M. B. Forman (Oxford, Oxford University Press, 1935), p. 227.

2) *O poeta é a coisa mais impoética*, porque é sempre algo distinto de si, está sempre no lugar de outro corpo: "O poeta é a coisa mais impoética que há; porque não tem identidade – está continuamente em lugar de – e ocupando algum outro corpo (*he is continually in for – and filling some other body* [...])."⁴²

3) *O enunciado "eu sou um poeta" não é um enunciado*, mas uma contradição nos termos, que implica a impossibilidade de ser poeta: "Se, portanto, não tem eu, e se eu sou um poeta, o que há de estranho se disser que não escreverei mais?"⁴³

4) *A experiência poética é a experiência vergonhosa de uma dessubjetivação*, de uma desresponsabilização integral e sem reservas, que envolve todo ato de palavra e situa o pretenso poeta em um plano ainda mais baixo que o do quarto das crianças:

> É vergonhoso confessá-lo (*It is a wretched thing to confess*); mas a pura realidade é que não há uma só palavra que pronuncio que pode ser tomada com certeza como opinião que nasce da minha idêntica natureza – e como poderia, se eu não tenho natureza? Quando me encontro em um quarto com outras pessoas, se não estiver especulando sobre criações do meu próprio cérebro, então não é meu eu quem volta a si mesmo, mas a identidade de cada um dos presentes começa a pesar sobre mim, de tal modo que em pouco tempo me acho aniquilado – e isso não só entre adultos; me aconteceria o mesmo no quarto das crianças... ⁴⁴

O último paradoxo consiste, porém, no fato de que, na carta, o silêncio e a renúncia não seguem imediatamente à confissão, e sim a promessa de uma escritura absoluta e indefectível, decidida a destruir-se e a renovar-se dia após dia, como se a vergonhosa dessubjetivação implícita no ato de palavra contivesse uma beleza secreta e não pudesse deixar de empurrar o poeta a dar testemunho incessante da própria alienação:

> Procurarei alcançar na poesia um cume tão elevado quanto pode suportar a força que me foi concedida... Estou certo de que devo escrever... mesmo que a fadiga das minhas noites devesse ser queimada toda

---

⁴² Ibidem, p. 228.
⁴³ Idem.
⁴⁴ Idem.

manhã e nenhum olho brilhasse sobre ela. Mas talvez inclusive agora eu não esteja falando de mim mesmo, e sim de algum personagem em cuja alma eu vivo agora...⁴⁵

3.14. Que o ato de criação poética – aliás, talvez, todo ato de palavra – comporte algo parecido com uma dessubjetivação, constitui patrimônio comum da nossa tradição literária ("musa" é o nome que, desde sempre, os poetas deram a essa dessubjetivação).

Um Eu sem garantias! – escreve Ingeborg Bachmann em uma das suas lições frankfurtianas – O que é o Eu? Aliás, o que poderia ser? Um astro cuja posição e cuja órbita nunca foram identificadas totalmente e cujo núcleo é composto de substâncias ainda desconhecidas. Poderia ser isso: miríades de partículas que formam um "Eu", mas, ao mesmo tempo, o Eu poderia ser um nada, a hipóstase de uma forma pura, algo semelhante a uma substância sonhada.⁴⁶

Poetas, segundo Bachmann, são precisamente os que "fizeram do Eu o terreno dos seus experimentos, ou então, fizeram de si o terreno experimental do Eu". Por isso, "correm continuamente o risco de enlouquecer"⁴⁷, de não saberem o que dizem.

Mas a ideia de uma experiência integralmente dessubjetivada do ato de palavra tampouco é estranha à tradição religiosa. Muitos séculos antes de ser programaticamente retomada por Rimbaud na carta a Paul Demeny (*car je est un autre. Se le cuivre s'eveille clairon, il n'y a rien de sa faute – porque eu é um outro. Se o cobre acorda clarim, não é culpa sua*), uma experiência do gênero foi, de fato, registrada como prática habitual de uma comunidade messiânica, na primeira Carta de Paulo aos Coríntios. O "falar em língua" (*lalein glosse*), de que se fala na Carta, refere-se a um acontecimento de palavra – a glossolalia – no qual o falante fala sem saber o que diz ("Ninguém o entende, pois ele, em espírito, enuncia coisas misteriosas" - 1 Cor.

---

⁴⁵ Ibidem, p. 228 ss.
⁴⁶ I. Bachmann, *Letteratura come utopia: lezioni di Francoforte* (Milano, Adelphi, 1993), p. 58.
⁴⁷ Idem.

A vergonha, ou do sujeito • 119

14,2), Isso significa, porém, que o princípio mesmo da palavra se torna, no caso, algo alheio e "bárbaro": "Ora, se não conheço a força da linguagem, serei como um bárbaro para aquele que fala e aquele que fala será como um bárbaro para mim" - 1 Cor. 14,11). Por outras palavras, segundo o significado próprio do termo *barbaros*, um ser não dotado de *logos*, um estrangeiro que realmente não consegue entender nem falar. A glossolalia apresenta, portanto, a aporia de uma absoluta dessubjetivação e "barbarização" do acontecimento de linguagem, no qual o sujeito falante cede o lugar a outro, criança, anjo ou bárbaro, que fala "ao vento" e "sem fruto". É significativo que Paulo, embora não rejeite totalmente a prática glossolálica dos Coríntios, os alerta contra a regressão pueril que implica e os convida a esforçarem-se em interpretar o que dizem:

> Se a trombeta não der um som claro (é aqui que Rimbaud inserirá a sua defesa dos Coríntios: *si le cuivre s'eveille clairon...*) quem se preparará para a batalha?... Assim vocês, se, com o dom da língua, não proferirem discurso compreensível, como se saberá o que vocês dizem? Será como se falassem ao vento.... Por isso, quem fala em línguas, reze para poder interpretar, porque se rezar em língua, o meu espírito de fato rezará, mas a minha mente fica infrutífera... Irmãos, não sejam crianças no ato de julgar... (1 Cor. 14, 8-20).

3.15. A experiência glossolálica nada mais faz que radicalizar uma experiência dessubjetivante implícita no mais simples ato de palavra. Um dos princípios estabelecidos pela linguística moderna é o de que a língua e o discurso em ato são duas realidades absolutamente cindidas, entre as quais não há nem transição nem comunicação. Saussure já havia observado que, se, na língua, está pronta uma série de signos (por exemplo, "boi, lago, céu, vermelho, triste, cinco, fender, ver"), nada há nela que permita prever e compreender de que maneira e em virtude de quais operações esses signos serão postos em funcionamento para formarem o discurso. "A série dessas palavras, por mais rica que seja através das ideias que evoca, nunca indicará a um indivíduo humano que outro indivíduo, ao pronunciá-las, queira significar-lhe algo." "O mundo do signo" – acrescentava, alguns decênios depois, Benveniste, retomando e desenvolvendo a antinomia saussuriana – "é fechado. Do signo à frase não há transição, nem por sintagmação, nem por qualquer outra forma. Um hiato os separa."[48]

Por outro lado, toda língua dispõe de uma série de signos (que os linguistas chamam *shifters* ou indicadores da enunciação, entre os quais, em especial, os pronomes "eu, tu, isso", os advérbios "aqui, agora etc.") capazes de permitir que o indivíduo se aproprie da língua para pô-la em funcionamento. Característica comum de todos esses signos é que eles não possuem, como as outras palavras, significado lexical definível em termos reais, mas que só podem identificar seu sentido remetendo-os à instância de discurso que os contém. Pergunta Benveniste:

> Qual é, portanto, a "realidade" à qual se refere *eu* ou *tu*? Unicamente uma "realidade de discurso", que é coisa muito singular. *Eu* só pode definir-se em termos de "locução", não em termos de objetos, como um signo nominal. *Eu* significa "a pessoa que enuncia a presente instância de discurso que contém *eu*".[49]

A enunciação não se refere, portanto, ao *texto* do enunciado, e sim ao fato de *ter lugar*, e o indivíduo pode pôr em funcionamento a língua sob a condição de identificar-se no próprio acontecimento do dizer, e não no que, nele, é dito. O que significa, então, "apropriar-se da língua"? Como, em tais condições, é possível tomar a palavra?

A passagem da língua ao discurso, se olharmos bem, é um ato paradoxal, que implica ao mesmo tempo uma subjetivação e uma dessubjetivação. Por um lado, o indivíduo psicossomático deve abolir-se integralmente e desobjetivar-se enquanto indivíduo real, para se tornar o sujeito da enunciação e identificar-se no puro *shifter* "eu", absolutamente vazio de qualquer substancialidade e de qualquer conteúdo que não seja a mera referência à instância de discurso. Uma vez, porém, que se tenha despojado de qualquer realidade extralinguística e se tenha constituído como sujeito da enunciação, ele descobre não

---

[48] É. Benveniste, *Problèmes de linguistique générale* (Paris, Gallimard, 1976), v. 2, p. 65 [ed. bras.: *Problemas de linguística geral II*, Campinhas, Pontes, 1989].

[49] Idem, *Problèmes de linguistique générale* (Paris, Gallimard, 1966), v. 1, p. 252 [ed. bras.: *Problemas de linguística geral I*, 5. ed., Campinas, Pontes, 2005].

tanto ter tido acesso a uma possibilidade de palavra, quanto a uma impossibilidade de falar – ou, melhor ainda, a uma situação na qual sempre acaba precedido por uma potência glossolálica, sobre a qual não tem controle nem presa. Ao apropriar-se da instrumentação formal da enunciação, ele introduziu-se, de fato, em uma língua, na qual, por definição, não há nada que permita a passagem ao discurso; e, contudo, ao dizer: "Eu, tu, isso, agora [...]", ele acabou expropriado de qualquer realidade referencial, para deixar-se definir unicamente pela relação pura e vazia com a instância de discurso. *O sujeito da enunciação é feito integralmente do discurso e por meio do discurso, mas, exatamente por isso, no discurso, não pode dizer nada, não pode falar.*

"Eu falo" é, por conseguinte, um enunciado tão contraditório quanto "eu sou um poeta" de Keats, porque não apenas *eu*, com respeito ao indivíduo que lhe empresta a voz, é sempre já o*utro*, mas nem sequer tem sentido dizer, a respeito deste *eu-outro*, que ele fala, pois – à medida que se sustenta somente no puro acontecimento de linguagem, independentemente de qualquer significado – ele se encontra, antes de tudo, na impossibilidade de falar, de dizer algo. No presente absoluto da instância de discurso, subjetivação e dessubjetivação coincidem em todos os pontos, e tanto o indivíduo em carne e osso quanto o sujeito da enunciação calam totalmente. Isso também pode ser expresso dizendo que quem fala não é o indivíduo, mas a língua; isso, porém, nada mais significa senão que – não se sabe como – a palavra atingiu uma impossibilidade de falar.

Não causa, portanto, surpresa que frente a esse íntimo estranhamento implícito no ato de palavra, os poetas experimentem algo parecido com uma responsabilidade e uma vergonha. Por tal motivo, Dante, na *Vita nuova* [*Vida nova*], intimava o poeta, sob pena de "grande vergonha", a conseguir "esclarecer em prosa" [*aprire per prosa*] as razões da sua poesia; e se torna difícil esquecer as palavras com as quais Rimbaud lembrava, muitos anos depois, a sua passada estação poética: "Não podia continuar, teria ficado louco e, ademais... isso estava mal".

3.16. Na poesia do século XX, talvez o documento mais impressionante de uma dessubjetivação – da transformação do poeta em um puro "terreno de experimentação" do Eu – e das suas possíveis implicações éticas, seja a carta de Pessoa sobre os heterônimos. Ao responder, em 13 de janeiro de 1935, ao amigo Adolfo Casais Monteiro, que lhe pede a origem de seus tantos heterônimos, ele começa apresentando-os como "uma tendência orgânica e constante para a despersonalização":

A origem dos meus heterônimos é o fundo traço de histeria que existe em mim. Não sei se sou simplesmente histérico, se sou, mais propriamente, um histero-neurastênico. Tendo para esta segunda hipótese, porque há em mim fenômenos de abulia que a histeria, propriamente dita, não enquadra no registro dos seus sintomas. Seja como for, a origem mental dos meus heterônimos está na minha tendência orgânica e constante para a despersonalização e para a simulação. Estes fenômenos – felizmente para mim e para os outros – mentalizaram-se em mim; quero dizer, não se manifestam na minha vida prática, exterior e de contacto com outros; fazem explosão para dentro e vivo-os eu a sós comigo...

Ocorria-me um dito de espírito, absolutamente alheio, por um motivo ou outro, a quem eu sou, ou a quem suponho que sou. Dizia-o, imediatamente, espontaneamente, como sendo de um certo amigo meu, cujo nome inventava, cuja história acrescentava, e cuja figura – cara, estatura, traje e gesto – imediatamente eu via diante de mim. E assim arranjei, e propaguei, vários amigos e conhecidos que nunca existiram, mas que ainda hoje, a perto de trinta anos de distância, oiço, sinto, vejo. Repito: oiço, sinto, vejo... E tenho saudades deles.[50]

Segue-se a descrição da súbita personalização – em 8 de março de 1914 – de um dos mais memoráveis heterônimos, Alberto Caeiro, que viria a tornar-se o seu mestre (ou melhor, o mestre de outro heterônimo, Álvaro de Campos):

[...] acerquei-me de uma cômoda alta e, tomando um papel, comecei a escrever, de pé, como escrevo sempre que posso. E escrevi trinta e tantos poemas a fio, numa espécie de êxtase cuja natureza não conseguirei definir. Foi o dia triunfal da minha vida, e nunca poderei ter outro as-

---

[50] F. Pessoa, *Obra em prosa. I. Escritos íntimos, cartas e páginas autobiográficas* (Lisboa, Mem Martins, Europa-América, 1986), p. 226 ss.

sim. Abri com um título, *O Guardador de Rebanhos*. E o que se seguiu foi o aparecimento de alguém em mim, a quem dei desde logo o nome de Alberto Caeiro. Desculpe-me o absurdo da frase: aparecera em mim o meu mestre. Foi essa a sensação imediata que tive. E tanto assim que, escritos que foram esses trinta e tantos poemas, imediatamente peguei noutro papel e escrevi, a fio, também, os seis poemas que constituem *Chuva oblíqua*, de Fernando Pessoa. Imediatamente e totalmente... Foi o regresso de Fernando Pessoa – Alberto Caeiro a Fernando Pessoa ele só. Ou, melhor, foi a reação de Fernando Pessoa contra a sua inexistência como Alberto Caeiro.[51]

Analisemos esta incomparável fenomenologia da despersonalização heteronímica. Cada nova subjetivação (o surgimento de Alberto Caeiro) não implica apenas uma dessubjetivação (a despersonalização de Fernando Pessoa, que se sujeita ao seu mestre), mas, de forma igualmente imediata, cada dessubjetivação comporta uma re-subjetivação – o retorno de Fernando Pessoa, que reage à sua inexistência, ou seja, à sua despersonalização em Alberto Caeiro. Tudo acontece como se a experiência poética constituísse um processo complexo, que põe em jogo pelo menos três sujeitos, ou melhor, três diferentes subjetivações – dessubjetivações, pois de um verdadeiro sujeito já não é possível falar. Há, antes de tudo, o indivíduo psicossomático Fernando Pessoa, que no dia 8 de março de 1914 se aproxima da cômoda para escrever. Com relação a esse sujeito, o ato poético não pode deixar de implicar uma dessubjetivação radical, que coincide com a subjetivação de Alberto Caeiro. No entanto, uma nova consciência poética, algo similar a um autêntico *ethos* da poesia, só aparece quando Fernando Pessoa – que sobreviveu à sua despersonalização e volta a um si mesmo, que é e, ao mesmo tempo, não é mais, o primeiro sujeito – compreende que deve reagir frente à sua inexistência como Alberto Caeiro, *que deve responder por sua dessubjetivação*.

3.17. Voltemos a ler agora a fenomenologia do testemunho em Primo Levi, a impossível dialética entre o sobrevivente e o muçul-

---

[51] Ibidem, p. 228.

mano, a pseudotestemunha e a "testemunha integral", entre o homem e o não-homem. O testemunho apresenta-se no caso como um processo que envolve pelo menos dois sujeitos: o primeiro é o sobrevivente, que pode falar, mas que não tem nada de interessante a dizer; e o segundo é quem "viu a Górgona", quem "tocou o fundo" e tem, por isso, muito a dizer, mas não pode falar. Qual dos dois dá testemunho? *Quem é o sujeito do testemunho?*

Poder-se-ia dizer, à primeira vista, que seja o homem – o sobrevivente – que dá testemunho do não-homem, do muçulmano. Se, porém, o sobrevivente testemunha *pelo* muçulmano – no sentido técnico de "por conta de" ou "por delegação" ("falamos nós em lugar deles, por delegação"), então, de algum modo, segundo o princípio jurídico pelo qual os atos do delegado são imputados ao delegante, é o muçulmano que dá testemunho. Contudo, isso significa que quem de fato dá testemunho no homem é o não-homem, ou seja, que o homem não é senão o mandatário do não-homem, aquele que lhe empresta a voz. Ou então, que não existe titular do testemunho; que falar, dar testemunho significa entrar em um movimento vertiginoso, em que algo vai a pique, se dessubjetiviza integralmente e emudece, e algo se subjetiviza e fala, sem ter – propriamente – nada a dizer ("falo de coisas [...] que eu mesmo não experimentei"). Algo no qual quem é sem palavra leva o falante a falar, e quem fala carrega em sua própria palavra a impossibilidade de falar, de modo que o mudo e o falante, o não-homem e o homem ingressam – no testemunho – em uma zona de indistinção na qual é impossível estabelecer a posição de sujeito, identificar a "substância sonhada" do eu e, com ela, a verdadeira testemunha.

Tudo isso também pode ser expresso dizendo que *sujeito do testemunho é quem dá testemunho de uma dessubjetivação*, contanto que não se esqueça que "dar testemunho de uma dessubjetivação" só pode significar que não existe, em sentido próprio, um sujeito do testemunho ("repito, não somos nós [...] as verdadeiras testemunhas"), que todo testemunho é um processo ou um campo de forças percorrido sem cessar por correntes de subjetivação e de dessubjetivação.

Percebe-se assim a insuficiência das duas teses contrapostas, que dividem a opinião acerca de Auschwitz: a do discurso humanista, que afirma: "todos os homens são humanos", e a anti-humanista, que pretende que "só alguns homens são humanos". O que o testemunho declara é algo totalmente diferente, e que se poderia formular com a seguinte tese: "Os homens são homens enquanto não são humanos"; ou, mais precisamente: "Os homens são homens enquanto dão testemunho do não-homem".

3.18. Veja-se o ser vivo singular, o infante. O que acontece nele e para ele no momento em que diz eu, em que se torna falante? O eu, a subjetividade que ele alcança é – já o vimos – uma realidade puramente discursiva, que não remete nem a um conceito nem a um indivíduo real. Tal eu que, como unidade que transcende a totalidade múltipla das vivências, garante a permanência daquilo que denominamos consciência, não é mais que o surgimento, no ser, de uma propriedade exclusivamente linguística. Conforme escreve Benveniste, "É na instância de discurso na qual *eu* designa o locutor que este se enuncia como 'sujeito'. É portanto verdade ao pé da letra que o fundamento da subjetividade está no exercício da língua"[52].

Os linguistas analisaram as consequências que a introdução da subjetividade na linguagem causa na estrutura das línguas. Apesar disso, ainda falta analisar, em boa parte, as consequências da subjetivação sobre o indivíduo vivo. Graças a essa inaudita presença a si mesmo como *eu*, como locutor na instância de discurso, que se produz no ser vivo algo semelhante a um centro unitário de imputação das vivências e dos atos, um ponto firme subtraído ao oceano em movimento das sensações e dos estados psíquicos, a que eles podem referir-se integralmente como se fosse ao seu titular. E Benveniste mostrou que a temporalidade humana justamente é gerada por meio da presença a si e ao mundo possibilitada pelo ato de enunciação, e que, em geral, o homem só dispõe de um modo de viver o "agora", a saber, realizando-o por meio da inserção do discurso no mundo, dizendo *eu, agora*. Precisamente por isso, porém, porque não há outra realidade senão aquela do discurso, o "agora" – conforme prova qualquer tentativa de aferrar o instante presente – é marcado por uma negatividade irredutível; precisamente porque a

---

[52] É. Benveniste, *Problemas de linguística geral*, (Campinas, Pontes, 2005), p. 288.

consciência não tem outra consistência senão a de linguagem, tudo que a filosofia e a psicologia acreditaram descobrir nada mais é que a sombra da língua, uma "substância sonhada". A subjetividade, a consciência em que a nossa cultura pensou ter encontrado o seu mais sólido fundamento, repousa sobre o que há de mais frágil e precário no mundo: o acontecimento da palavra. Mas esse instável fundamento reafirma-se – e volta a fraquejar – toda vez que colocamos em funcionamento a língua para falar, tanto na conversa mais frívola, quanto na palavra dada uma vez por todas a si e aos outros.

E mais ainda: o ser vivo que se fez absolutamente presente a si mesmo no ato de enunciação, no ato de dizer *eu*, faz retroceder a um passado sem fundo as suas vivências, não podendo mais coincidir imediatamente com elas. A instância do discurso no puro presente separa irreparavelmente a presença das sensações e das vivências frente a si mesmas no exato momento em que as refere a um centro de imputação unitário. Quem usufruiu a presença especial que se efetiva na íntima consciência da voz enunciadora perde para sempre a intacta aderência ao Aberto, que Rilke vislumbrava no olhar do animal, voltando agora seus olhos para o interior, para o não-lugar da linguagem. Por isso, a subjetivação, o ato de se produzir a consciência na instância do discurso, frequentemente é um trauma de que os seres humanos custam a libertar-se; por isso, o frágil texto da consciência se desfia e cancela sem parar, mostrando à luz plena a separação sobre a qual foi construído, a constitutiva dessubjetivação de toda subjetivação. (Não causa espanto que foi justamente de uma análise do significado do pronome *eu* em Husserl, que Derrida pôde extrair a sua ideia de um deferimento infinito, de uma separação originária – uma escritura – inscrita na pura presença da consciência a si mesma.)

Não surpreende, pois, que, quando algo semelhante a uma consciência (*syneídesis*, *sýnnoia*) aparece nos trágicos gregos e nos poetas coetâneos, ela se apresente como a inscrição de uma zona de não-conhecimento na linguagem e de mutismo no saber, e que tem desde o início uma conotação ética e não lógica. Assim, na *Eunomia* de Sólon, Diké tem a forma de um não-saber silencioso (*sigósa sýnoide*) e, nos trágicos, a consciência pode ser atribuída também a um objeto inanimado, que, por definição, não pode falar: o leito insone em *Electra* e a caverna rochosa no *Filotete*[53]. Quando um sujeito desponta pela primeira vez na forma de uma consciência, isso acontece assinalando uma desconexão entre saber e dizer, ou seja, como experiência, em quem sabe, de uma dolorosa impossibilidade de dizer e, em quem fala, de uma não menos amarga impossibilidade de saber.

3.19. Em 1928, Ludwig Binswanger publicou um estudo com um título bem significativo: *Função vital e história interna da vida*. O que nessas páginas com dificuldade abre caminho, por meio da inserção, na terminologia psiquiátrica, de um vocabulário fenomenológico ainda incerto, é a ideia de uma heterogeneidade fundamental entre o plano das funções vitais – tanto físicas quanto psíquicas – que se desenvolvem em um organismo, e o da consciência pessoal, no qual as vivências de um indivíduo se organizam em uma história interior unitária. Binswanger substitui a antiga distinção entre o psíquico e o somático, por outra, para ele bem mais decisiva, entre a "modalidade funcional do organismo psicossomático por um lado, e a história interior da vida, por outro", o que lhe permite, felizmente, evitar a confusão "ínsita no termo 'psíquico' e que já é intolerável cientificamente, entre o conceito de função psíquica e o conteúdo espiritual das vivências psíquicas"[54].

Em texto sucessivo (que viria a ser comentado por Foucault), tal dualidade é comparada por Binswanger com aquela entre o sonho e a vigília.

> Enquanto sonha – escreve ele – o homem é ... "função vital", quando está desperto ele faz "história da vida"... É impossível reduzir os dois membros da disjunção a um denominador comum, função da vida e história interior da vida, por mais que tal tentativa ainda seja feita, pois a vida como função é algo diferente da vida como história.[55]

---

[53] G. Agamben, *Il linguaggio e la morte* (Torino, Einaudi, 1982), p. 113 ss. [ed. bras.: *A linguagem e a morte: um seminário sobre o lugar da negatividade*, Belo Horizonte, UFMG, 2006].

[54] L. Binswanger, *Per un'antropologia fenomenologica* (Milano, Feltrinelli, 1970), p. 46.

[55] Ibidem, p. 96.

Binswanger limita-se a constatar a dualidade e a sugerir ao psiquiatra que tenha em conta ambos os pontos de vista. Contudo, a aporia por ele indicada é bem mais radical, a ponto de questionar a própria possibilidade de identificar um terreno unitário para a consciência. Considere-se, por um lado, o fluxo contínuo das funções vitais: respiração, circulação de sangue, digestão, homeotermia – mas também sensação, movimento muscular, irritação etc. – e, por outro, o da linguagem e do eu consciente, em que as vivências se organizam em uma história individual. Há um ponto no qual os dois fluxos se articulam em unidade, no qual o "sonho" da função vital se une à "vigília" da consciência pessoal? Onde e como pode ocorrer a introdução de um sujeito no fluxo biológico? No ponto em que o locutor, ao dizer *eu*, se produz como subjetividade, porventura acontece uma espécie de coincidência entre as duas séries, motivo pelo qual o sujeito que fala pode assumir, realmente, como próprias as funções biológicas, e o ser vivo pode identificar-se no eu que fala e pensa? Nada parece consentir tal coincidência, tanto no desenvolvimento cíclico dos processos corpóreos, quanto na série dos atos intencionais da consciência. Pelo contrário, *eu* significa precisamente a separação irredutível entre funções vitais e história interior, entre o tornar-se falante do ser vivo e o sentir-se vivo do ser falante. Certamente as duas séries caminham uma ao lado da outra e, por assim dizer, em absoluta intimidade; mas não é, precisamente, *intimidade*, o nome que damos a uma proximidade que, ao mesmo tempo, continua sendo distante, a uma promiscuidade que nunca se torna identidade?

3.20. O psiquiatra japonês Kimura Bin, diretor do hospital psiquiátrico de Kyoto, e tradutor de Binswanger, procurou desenvolver a análise da temporalidade de *Ser e tempo*, tendo em vista classificar os tipos fundamentais de doença mental. Com tal objetivo, ele recorre à fórmula latina *post festum* (literalmente, "depois da festa"), que indica um passado irreparável, um chegar sempre atrasado, a que ele contrapõe simetricamente o *ante festum* e o *intra festum*.

A temporalidade do *post festum* é a do melancólico, que vive o próprio eu sempre na forma de um "eu que já foi", de um passado irrecuperavelmente concluído, com respeito ao qual só se pode estar em débito. A tal experiência do tempo corresponde, em Heidegger, o ser lançado do *Dasein*, o seu encontrar-se sempre já abandonado em uma situação fatual, para além da qual nunca pode voltar. Há, pois, uma espécie de "melancolia" constitutiva do *Dasein* humano, que está sempre atrasado com relação a si mesmo, que perdeu para sempre a sua "festa".

A temporalidade do *ante festum* corresponde à experiência do esquizofrênico, em que a orientação do tempo para o passado, típica do melancólico, inverte a sua direção. Tendo em vista que, para o esquizofrênico, o eu nunca é uma posse segura, mas algo que deve ser alcançado sem parar, ele vive seu tempo sob a forma da antecipação.

O eu que está em questão na esquizofrenia – escreve Kimura Bin – não é o "que já foi" e ligado a um dever, ou seja, o eu *post festum* do melancólico, de que se fala apenas sob a forma de um passado e de um débito... O ponto essencial é, nesse caso, sobretudo o problema da própria possibilidade de ser ele mesmo, da certeza de poder tornar-se ele mesmo e, portanto, do risco de poder ficar alienado de si mesmo.[56]

Em *Ser e tempo*, à temporalidade do esquizofrênico corresponde a primazia do futuro, sob a forma do projeto e da antecipação. Precisamente porque a sua experiência do tempo se temporaliza originalmente a partir do futuro, o *Dasein* pode ser definido por Heidegger como "o ente para o qual, no seu ser, está em questão o próprio ser", e, portanto, "no seu ser, já sempre se antecipa a si mesmo". Exatamente por isso, porém, o *Dasein* é constitutivamente esquizofrênico, correndo sempre o risco de faltar-se, de não estar presente à própria "festa".

Poder-se-ia esperar que a dimensão temporal do *intra festum* correspondesse ao ponto no qual, entre a perda irreparável de si por parte do melancólico e o faltar antecipadamente à própria festa por parte do esquizofrênico, o homem acede finalmente a uma presença plena a si mesmo, encontra o seu *dies festus*. No entanto, não é assim. Os dois exemplos que Kimura Bin nos oferece para a temporalidade *intra festum* nada têm de festivo. No primeiro – a neurose obsessiva –, a

---

[56] Kimura Bin, *Écrits de psychopathologie phénoménologique* (Paris, PUF, 1992), p. 79.

aderência ao presente tem a forma de uma repetição obsessiva do mesmo ato a fim de buscar para si, por assim dizer, as provas do próprio ato de ser ele mesmo, do ato de ele já não se ter perdido para sempre. Por outras palavras, o tipo obsessivo procura garantir para si, por meio da repetição, os documentos da própria presença a uma festa que, manifestamente, lhe escapa. A constitutiva falta a si mesmo, que caracteriza a temporalidade do *intra festum*, fica ainda mais evidente no segundo exemplo dado por Kimura Bin. Trata-se da epilepsia, por ele apresentada como "a arqui paisagem" da loucura, como forma particular de falta, por uma espécie de excesso estático da presença. Segundo Kimura Bin, a pergunta decisiva a respeito da epilepsia é a seguinte: "Por que o epiléptico perde consciência?" A sua resposta é que, no ponto em que o eu está para aderir a si mesmo no instante supremo de festa, a crise epiléptica sanciona a incapacidade da consciência de suportar a presença, de participar da própria festa. Nas palavras de Dostoievski, que ele cita nesse momento:

> Há instantes, duram não mais do que 5 ou 6 segundos, em que de repente sentis a presença da harmonia eterna, a alcançastes. Não é terrena: nem quero dizer que seja celeste, mas apenas que o homem, na sua forma terrena, é incapaz de a suportar. Deve transformar-se fisicamente ou morrer.[57]

Kimura Bin não apresenta algo equivalente à temporalidade epiléptica em *Ser e tempo*. Pode-se supor, contudo, que se trata do instante da decisão em que antecipação e o fato de ter sido temporalidade esquizofrênica e temporalidade melancólica coincidem, e o eu acontece a si mesmo, assumindo autenticamente o próprio irreparável passado ("a antecipação da possibilidade extrema e mais própria é o retorno ao próprio fato de ter sido"). A decisão silenciosa e angustiada, que antecipa e assume o próprio fim, seria então algo similar à aura epiléptica do *Dasein*, em que ele "toca o mundo da morte na forma de um excesso, sendo contemporaneamente transbordamento e fonte"[58]. Em todo caso, o interessante é que, para o psiquiatra japonês, o homem parece morar necessariamente em uma separação

---

[57] Apud ibidem, p. 151.
[58] Ibidem, p. 152.

com relação a si mesmo e ao próprio *dies festus*. É como se o ser vivo, pelo fato de ter-se convertido em falante, por ter dito *eu*, estivesse agora, constitutivamente, dividido, e o tempo não fosse senão a forma de tal desconexão. Só é possível superá-la no acesso epiléptico ou no instante da decisão autêntica, que representa uma espécie de arqui trave invisível que sustenta o edifício estático-horizontal do tempo, impedindo-o de cair aos pedaços sobre a situação espacial do Ser-aí, sobre o seu *aí*.

Sob este ponto de vista, Auschwitz assinala a crise irremediável da temporalidade própria, da própria possibilidade de "decidir" a desconexão. O Lager, a situação absoluta, é o final de toda possibilidade de uma temporalidade originária, a saber, da fundação temporal de uma situação singular no espaço, de um *Da*. Nele, a irreparabilidade do passado assume a forma de uma iminência absoluta: *post festum* e *ante festum*, sucessão e antecipação confundem-se parodicamente uma com a outra. Assim, para sempre, o despertar é sugado para dentro do sonho: "logo ouviremos ainda/ o comando estrangeiro:/ Wstawać!".

3.21. Fica assim esclarecido em que sentido a vergonha é realmente algo similar à estrutura escondida de toda subjetividade e de toda consciência. Enquanto consiste unicamente na instância da enunciação, a consciência tem constitutivamente a forma do ato de ser consignada a algo *inassumível*. Ter consciência significa: estar consignado a uma inconsciência. (A partir daqui, têm-se tanto a culpa como estrutura da consciência em Heidegger quanto a necessidade do inconsciente em Freud.)

Tenha-se em conta a antiga definição filosófica do homem como *zōon logon echon*, o ser vivo que tem a linguagem. A tradição metafísica interrogou, com tal definição, tanto o ser vivo, quanto o *logos*; o que, nela, mesmo assim, continua impensado é o *echon*, o modo desse ter. Como pode um ser vivo *ter* a linguagem? O que pode significar, para o ser vivo, falar?

As análises precedentes mostraram de maneira suficiente que falar é um ato paradoxal, implicando, ao mesmo tempo, uma subjetivação e uma dessubjetivação, e no qual o indivíduo vivo se apropria da língua unicamente em uma expropriação integral, tornando-se falante apenas sob a condição de afundar no silêncio. O modo de ser do eu, o estatuto existencial do ser-vivo-que-fala é, pois, uma espécie de glossolalia ontológica, uma conversa fiada absolutamente sem substância, na qual o ser vivo e o ser que fala, a subjetivação e a dessubjetivação nunca podem coincidir.

Por esse motivo, a metafísica e a reflexão ocidental sobre a linguagem – admitindo-se que sejam duas coisas distintas – procuraram constantemente alguma forma de articulação entre o ser vivo e o ser que fala, buscaram construir um elo de ligação que permitisse garantir a comunicação entre o que parecia incomunicante, dando consistência à "substância sonhada" do sujeito, à sua inapreensível glossolalia.

Não é esse o lugar para mostrar como tal articulação foi procurada, em geral, na perspectiva de um Eu ou de uma Voz – voz silenciosa da consciência que, por um lado, se torna presente no discurso interior e, por outro, voz articulada, *phonē énarthros*, na qual a língua se vincula firmemente ao ser vivo, inscrevendo-se na sua própria voz. Continua valendo o fato de que, toda vez, esta Voz resulta ser, em última instância, um mitologema ou um *theologoumenon*, e de que não há lugar a partir do qual, no ser vivo ou na linguagem, possamos alcançar um ponto em que uma forma de articulação de fato aconteça. Não há – fora da teologia, fora do fazer-se carne do Verbo – um momento no qual a linguagem se inscreveu na voz viva, um lugar em que o ser vivo pudesse logicizar-se, fazer-se palavra.

É nesse não-lugar da articulação que a desconstrução inscreveu a sua "marca" e a sua *différance*, em que a voz e a letra, significação e presença se distinguem infinitamente. A linha que, em Kant, sinalizava o único modo possível de representar a autoafeição do tempo é agora o movimento de uma escritura sobre a qual "o 'olhar' não pode 'permanecer'"[59]. Contudo, é precisamente essa impossibilidade de unir o ser vivo e a linguagem, a *phonē* e o *logos*, o não-humano e o humano – ao invés de autorizar que a significação acabe diferida in-

---

[59] J. Derrida, *La voix et le phénomène* (Paris, PUF, 1967), p. 117 [ed. bras.: *A voz e o fenômeno: introdução ao problema do signo na fenomenologia de Husserl*, Rio de Janeiro, Jorge Zahar, 1994].

finitamente – que permite o testemunho. Se não houver articulação entre o ser vivo e a linguagem, se o eu estiver suspenso nessa separação, então, sim, poderá ocorrer o testemunho. A intimidade, que traduz a nossa não-coincidência conosco mesmos, é o lugar do testemunho. *O testemunho tem lugar no não-lugar da articulação.* No não-lugar da Voz não está a escritura, mas a testemunha. É precisamente porque a relação (ou melhor, a não-relação) entre o ser vivo e o ser que fala reveste a forma da vergonha, do fato de estarmos reciprocamente consignados a algo *inassumível,* que o *ethos* de tal separação só pode ser um testemunho, ou seja, algo que não se pode consignar a um sujeito que, no entanto, constitui a única sede, a única possível consistência de um sujeito.

3.22. Há uma figura especial de heteronímia, chamada "pseudonímia quadrática" ou "homopseudonímia", analisada por Giorgio Manganelli. Ela consiste no uso de um pseudônimo absolutamente idêntico ao nome próprio. Um dia ele é informado por um amigo de ter publicado um livro do qual não sabe nada, assim como outras vezes já lhe havia acontecido que "pessoas ajuizadas" lhe comunicassem terem visto livros com seu nome e sobrenome expostos em vitrines de prestígio. A (*pseudonímia*) leva ao extremo o paradoxo ontológico da heteronímia, pois aqui não só um *eu* cede o lugar a *outro*, mas este outro pretende não ser *outro*, e sim identificar-se com o *eu*, o que o *eu* só pode negar.

> Eu havia adquirido e parcialmente lido um livro que um caluniador honesto, um historiador, um anagrafólogo teria definido "meu". Mas se o tivesse escrito eu, se tivesse existido um "eu" capaz de escrever um livro, esse livro, o que teria podido explicar a absoluta, a incômoda estranheza que me separava dessa coisa escrita?[60]

Com respeito ao simples eu, o homopseudônimo é absolutamente estranho e perfeitamente íntimo, ao mesmo tempo incondicionadamente real e necessariamente inexistente, a ponto de nenhuma língua poder descrevê-lo, e nenhum texto poder garantir a sua consistência.

---

[60] G. Manganelli, *La notte* (Milano, Adelphi, 1996), p. 13.

Portanto, eu não tinha escrito nada; mas por "eu" entendia aquele dotado de nome, porém, sem pseudônimo. Havia escrito o pseudônimo? Provável, mas o pseudônimo pseudoescreve e é, tecnicamente, ilegível pelo eu, e sim, no melhor dos casos, pelo eu do pseudônimo quadrático, o qual, como é óbvio, não existe. Se, porém, o leitor inexiste, eu sei o que ele pode ler: aquilo que pode escrever o pseudônimo de grau zero, algo que não pode ser lido por ninguém a não ser pelo pseudônimo quadrático, que não existe. De fato, o que se escreve é o nada. O livro não significa nada, e, em todo caso, eu não posso lê-lo a não ser que renuncie a existir. Talvez não seja mais que uma grande burla: conforme terá ficado claro, eu já estou morto há muitos anos, assim como o amigo que encontrei, e o livro que folheio é sempre incompreensível; leio-o, releio; perco-o. Talvez seja preciso morrer mais vezes.[61]

Nessa brincadeira terrivelmente séria, é nada menos que o paradoxo ontológico do ser-vivo-que-fala (ou que-escreve), do ser vivo que pode dizer *eu* aquilo que a pseudonímia ao quadrado evidencia. Como simples eu, dotado de nome, mas sem pseudônimo, ele não pode escrever nem dizer nada. Mas todo nome próprio, enquanto nomeia um ser vivo, um não-linguístico, é sempre um pseudônimo (de grau zero). Só como pseudônimo *eu* posso escrever, posso dizer eu; contudo, o que, então, escrevo e digo é nada, a saber, algo que poderia ser lido ou ouvido só por um pseudônimo quadrático, que, em si, não existe, a não ser tomando o lugar do próprio eu, que renuncia, por sua vez, a existir (ou seja, morre). Neste momento, a elevação ao quadrado da pseudonímia consumou-se: o eu dotado de nome, mas não de pseudônimo, desaparece no inexistente homopseudônimo.

A pergunta que surge agora é, porém, essa: quem está falando no relato de Manganelli? Quem é o seu autor? Quem dá testemunho do mal-estar dessa íntima estranheza? O eu sem pseudônimo, que existe, mas que não pode escrever? Ou o pseudônimo de grau zero, que escreve o texto ilegível do primeiro eu? Ou então o terceiro, o pseudônimo quadrático, que lê, relê e perde o livro nulo e incompreensível? Se está claro que "eu estou morto há muitos anos", quem sobrevive

---

[61] Ibidem, p. 14.

para falar disso? É como se, no processo vertiginoso das subjetivações heteronímicas, algo sobrevivesse sempre ao processo, como se um eu – ulterior ou residual – fosse gerado a cada dizer *eu*, de tal modo que a elevação ao quadrado da pseudonímia nunca se realiza realmente, voltando a cair sempre para trás, sobre um novo eu indiscernível em relação ao primeiro e, contudo, não coincidente com ele.

3.23. O termo "sobreviver" contém uma ambiguidade impossível de eliminar. Supõe uma remissão a algo ou a alguém, a que se sobrevive. O latim *supervivo* assim como o equivalente *superstes sum* constroem-se nesse sentido com o dativo, a fim de indicar o "respeito a que" da sobrevivência. Desde o início, porém, referindo-se aos seres humanos, o verbo admite uma forma reflexiva, ou seja, a ideia singular de um sobreviver a si mesmo e à própria vida, em que aquele que sobrevive e aquilo a que se sobrevive coincidem entre si. Assim, se Plínio pode dizer, a respeito de um personagem público, que ele "sobreviveu por trinta anos à sua glória" (*triginta annis gloriae suae supervixit*), em Apuleio já encontramos expressa a ideia de uma verdadeira existência póstuma, de uma vida que vive sobrevivendo a si mesma (*etiam mihi ipse supervivens et postumus*). No mesmo sentido, os autores cristãos podem afirmar não apenas que Cristo – e, com ele, todo cristão –, enquanto sobreviveu à morte, é, contemporaneamente, testador e herdeiro (*Christus idem testator et haeres, qui morti propriae supervivit*), mas também que o pecador, enquanto está, na realidade, espiritualmente morto, sobrevive a si mesmo sobre a terra (*animam tuam misera perdidisti, spiritualiter mortua supervivere hic tibi*).

Isso implica que, no homem, a vida traz consigo uma cisão, que pode fazer de todo viver um sobreviver, e de todo sobreviver um viver. Em certo sentido – que encontramos em Bettelheim –, sobreviver indica a pura e simples continuação da vida nua, comparada a uma vida mais verdadeira e mais humana; noutra perspectiva, a sobrevivência tem um sentido positivo e se refere – como acontece em Des Pres – àquele que, combatendo a morte, sobreviveu ao inumano.

Desta forma, tem-se agora a tese que resume a lição de Auschwitz: *o homem é aquele que pode sobreviver ao homem*. No primeiro sentido, refere-se ao muçulmano (ou à zona cinzenta) e significa, então, a inumana capacidade de sobreviver ao homem. No segundo, refere-se ao sobrevivente, e indica a capacidade do homem de sobreviver ao muçulmano, ao não-homem. Mas, observando melhor, os dois sentidos convergem em um ponto, que constitui, por assim dizer, o seu mais íntimo núcleo semântico, no qual os dois significados por um momento parecem coincidir. Nesse ponto está o muçulmano; e, nele, liberta-se o terceiro sentido da tese – mais verdadeiro e, ao mesmo tempo, mais ambíguo – que Levi proclama ao escrever: "são eles, os 'muçulmanos', os afogados, as testemunhas integrais": *o homem é o não-homem; verdadeiramente humano é aquele cuja humanidade foi integralmente destruída.*

O paradoxo reside, neste caso, no fato de que se realmente der testemunho do humano só aquele cuja humanidade foi destruída, isso significa que a identidade entre homem e não-homem nunca é perfeita, e que não é possível destruir integralmente o humano, que algo sempre *resta. A testemunha é esse resto.*

3.24. A propósito do livro de Antelme, Blanchot escreveu certa vez que "o homem é o indestrutível que pode ser infinitamente destruído"[62]. Nesse caso, indestrutível não significa algo – essência ou relação humana – que resiste infinitamente à própria infinita destruição, e Blanchot interpreta mal as suas próprias palavras quando vê emergir, na destruição infinita, uma "relação humana na sua primordialidade" enquanto relação com o outro[63]. O indestrutível não existe, nem como essência, nem como relação; e a frase deve ser lida noutro sentido, ao mesmo tempo mais complicado e mais simples. "O homem é o indestrutível que pode ser infinitamente destruído" e "o homem é aquele que pode sobreviver ao homem" não são definições que, como toda boa definição lógica, identificam uma essência humana, atribuindo-lhe uma diferença específica. O ho-

---

[62] M. Blanchot, *L'entretien infini* (Paris, Gallimard, 1969), p. 200 [ed. bras.: *A conversa infinita 1: a palavra plural (palavra de escrita)*, São Paulo, Escuta, 2001, e *A conversa infinita 2: a experiência-limite*, São Paulo, Escuta, 2007].

[63] Ibidem, p. 199.

mem pode sobreviver ao homem é o que resta depois da destruição do homem, não porque haja em algum lugar uma essência humana a destruir ou a salvar, mas porque o lugar do humano está cindido, porque o homem tem lugar na fratura entre o ser que vive e o ser que fala, entre o não-humano e o humano. Ou seja: *o homem tem lugar no não-lugar do homem, na frustrada articulação entre o ser que vive e o logos*. O homem é o ser que falta a si mesmo e consiste unicamente neste faltar-se e na errância que isso abre. Quando Grete Salus escrevia que "o homem nunca deveria ter de suportar tudo que pode suportar, nem chegar a ver como este sofrer levado à potência extrema não tem mais nada de humano", ela queria dizer também isso: que não existe uma essência humana; que o homem é um ser de potência e, no ponto em que ao captar a sua infinita indestrutibilidade, acredita estar apreendendo a sua essência, o que se vê, então, é que "já não tem nada de humano".

O homem está sempre, portanto, para aquém ou para além do humano; é o umbral central pelo qual transitam sem cessar as correntes do humano e do inumano, da subjetivação e da dessubjetivação, do tornar-se falante por parte do ser vivo, e do tornar-se vivo por parte do *logos*. Tais correntes coexistem, mas não são coincidentes, e a sua não-coincidência, a sutilíssima divisória que as separa, é o lugar do testemunho.

4
O ARQUIVO E O TESTEMUNHO

4.1. Em Paris, em noite de 1969, Émile Benveniste, docente de linguística no Collège de France, foi acometido por um mal-estar em plena rua. Não tendo consigo documentos, não foi reconhecido; quando foi identificado, já estava tomado por uma afasia total e incurável que nunca mais lhe permitiu desenvolver tarefa de qualquer tipo até à morte, ocorrida em 1972. No mesmo ano, apareceu em Haia, na revista "Semiótica", o estudo sobre a *Semiologia da língua*, em cuja conclusão ele delineia um programa de pesquisa que vai além da linguística saussuriana, mas que devia ficar descumprido para sempre. Não causa surpresa que a teoria da enunciação, talvez a criação mais genial de Benveniste, apareça como fundamento desse programa. A superação da linguística de Saussure – afirma ele – far-se-á por dois caminhos: o primeiro – perfeitamente compreensível – é o de uma semântica do discurso, distinta da teoria da significação, fundada no paradigma do signo; o segundo – que aqui nos interessa – consistirá, por sua vez, "na análise translinguística dos textos e das obras, por meio da elaboração de uma meta-semântica, que se construirá a partir da semântica da enunciação"[1].

Convém que nos detenhamos por algum momento na aporia implícita nessa formulação. Se a enunciação não se refere, conforme sabemos, ao texto do enunciado, mas ao fato de ele ter lugar, se ela não é senão o puro autorreferir-se da linguagem à instância de discurso em ato, em que sentido se poderá falar de uma "semântica" da

---

[1] É. Benveniste, *Problèmes de linguistique générale*, cit., v. 2, p. 65.

enunciação? Certamente, o isolamento da esfera da enunciação permite distinguir pela primeira vez, em um enunciado, o que é dito do fato de ele ter lugar; mas não é, precisamente por isso, que a enunciação representará a identificação, na linguagem, de uma dimensão não semântica? Sem dúvida é possível definir algo similar a um significado dos indicadores *eu*, *tu*, *agora*, *aqui* (por exemplo, "eu significa aquele que enuncia a presente instância de discurso que contém *eu*"); contudo, isso é algo completamente diferente do significado lexical que compete aos outros signos da linguagem. *Eu* não é nem uma noção, nem uma substância, e, no discurso, a enunciação colhe não o que se diz, mas o puro fato de que se está dizendo isso, o acontecimento — evanescente, por definição — da linguagem como tal. Assim como o ser dos filósofos, a enunciação é o que há de mais único e de mais concreto, por se referir à instância de discurso em ato, absolutamente singular e irrepetível e, ao mesmo tempo, é o que há de mais vazio e genérico, por se repetir toda vez sem que jamais seja possível fixar a sua realidade lexical.

O que pode significar, nessa perspectiva, uma metassemântica fundada na semântica da enunciação? O que Benveniste havia entrevisto antes de cair na afasia?

4.2. No mesmo ano, 1969, Michel Foucault publicava *A arqueologia do saber*, que formula o método e o programa de suas investigações, por meio da fundação de uma teoria dos enunciados. Embora o nome de Benveniste não apareça no livro, e apesar do fato de Foucault eventualmente não ter conhecido os últimos artigos dele, um fio secreto une o programa foucaultiano àquele delineado pelo linguista. É o fato de ter tomado explicitamente como objeto não as frases nem as proposições, e sim, precisamente, os enunciados, não o texto do discurso, e, sim, o fato de ele ter lugar, que constitui a novidade incomparável da *Arqueologia*. Foucault foi, assim, o primeiro a compreender a dimensão inaudita que a teoria benvenistiana da enunciação havia revelado ao pensamento, transformando-o consequentemente no objeto de uma nova investigação. Ele realmente dava-se conta de que tal objeto era, em certo sentido, indefinível, de que a arqueologia não delimitava, de modo algum, na linguagem, um âmbito comparável ao demarcado pelos saberes disciplinares. Na medida em que a enunciação não se refere a um texto, e sim a um puro acontecimento de linguagem (na terminologia dos estoicos: não ao dito, mas ao dizível que permanece não dito), o seu território nunca poderá coincidir com um nível definido da análise linguística (a frase, a proposição, os atos ilocucionários etc.), nem com os âmbitos específicos configurados pelas ciências, mas representa muito mais uma função que pode gravitar sobre cada um dos mesmos. Com uma lúcida consciência das implicações ontológicas de seu método, Foucault escreve: "O enunciado não é uma estrutura [...] mas uma função de existência"[2]. Por outras palavras, o enunciado não é algo dotado de propriedades reais definidas, mas pura existência, a saber, o fato de que certo ente – a linguagem – tenha lugar. Perante o sistema das ciências e a multiplicidade dos saberes que definem, no interior da linguagem, frases, proposições dotadas de sentido e discursos mais ou menos bem formados, a arqueologia reivindica como território próprio o puro fato de tais proposições e tais discursos terem lugar, ou melhor, o *fora* da linguagem, o fato bruto da sua existência.

Dessa forma, a arqueologia realizava pontualmente o programa benvenistiano de uma "metassemântica construída a partir de uma semântica da enunciação": após ter isolado – graças a uma semântica da enunciação – a esfera dos enunciados em relação à das proposições, Foucault recorre a ela para alcançar um novo ponto de vista, a partir do qual pode indagar os saberes e as disciplinas, um fora que torna possível reinvestir, por meio de uma "metassemântica" – a arqueologia – o campo dos discursos disciplinares.

É possível que, desse modo, Foucault só quisesse revestir a velha ontologia, que se tornou inapresentável, com a roupagem moderna de uma nova metadisciplina histórica, voltando a propor, com consequente ironia, a filosofia primeira não como um saber, e, sim, como "a arqueologia" de todo saber. Isso, porém, significa desconhecer que a novidade do seu método, que confere à investigação uma in-

---

[2] M. Foucault, *L'archéologie du savoir* (Paris, Gallimard, 1969), p. 115 [ed. bras.: *A arqueologia do saber*, 4. ed., Rio de Janeiro, Forense Universitária, 1995].

comparável eficácia, consiste em não ter procurado apreender – como tradição dominante na cultura moderna – o ter lugar da linguagem através de um Eu ou de uma consciência transcendental – ou então, pior ainda, através de um eu psicossomático não menos mitológico –, mas em ter colocado decididamente a pergunta: se algo como um sujeito ou um eu, ou então uma consciência, ainda pode encontrar alguma correspondência com os enunciados, com o puro fato de ter lugar da linguagem.

Enquanto as ciências humanas eram definidas mediante a introdução, na linguagem, de um corte correspondente a um determinado nível do discurso significante e da análise linguística (a frase, a proposição, o ato ilocucionário etc.), o sujeito delas era ingenuamente identificado com o indivíduo psicossomático que supostamente proferia o discurso. Por outro lado, também a filosofia moderna, que havia desnudado o sujeito transcendental dos seus atributos antropológicos e psicológicos, reduzindo-o ao puro *eu falo*, não se tinha dado conta, perfeitamente, da transformação da experiência da linguagem que isso comportava, do seu deslocamento para um plano assemântico, que já não podia ser o das proposições. Tomar realmente a sério o enunciado *eu falo* significa deixar de pensar a linguagem como comunicação de um sentido ou de uma verdade por parte de um sujeito que é seu titular e seu responsável; significa, sim, passar a considerar o discurso no seu puro fato de ter lugar e o sujeito como "a inexistência em cujo vazio se persegue sem trégua a difusão indefinida da linguagem"[3]. A enunciação assinala, na linguagem, o limiar entre um dentro e um fora, o fato de ter lugar como exterioridade pura; e a partir do momento em que os enunciados se tornam referência principal da investigação, o sujeito fica dissolvido de qualquer implicação substancial e se torna pura função ou pura posição.

O (sujeito) é um lugar determinado e vazio que pode ser efetivamente ocupado por diferentes indivíduos... Se uma proposição, uma frase, um conjunto de signos podem ser chamados de "enunciados", não é

---

[3] Idem, *Scritti letterari* (Milano, Feltrinelli, 1996), p. 112.

porque houve, de fato, um dia, alguém que os tenha proferido ou tenha deixado em algum lugar sua marca provisória; mas sim porque, com eles, pode ser estabelecida a posição do sujeito. Descrever uma formulação como enunciado não consiste em analisar as relações entre o autor e o que é dito (ou se quis dizer, ou se disse sem querer), mas em determinar qual a posição que pode e deve ocupar um indivíduo para ser o seu sujeito.[4]

Coerente com tais premissas, Foucault inicia no mesmo ano a sua crítica da noção de autor, não tanto para assinalar seu eclipse ou para certificar a sua morte, mas sim para a definir como simples especificação da função-sujeito, cuja necessidade de modo algum pode dar-se por descontada.

Pode-se imaginar uma cultura na qual os discursos circulariam e seriam recebidos sem que nunca aparecesse a função-autor. Todos os discursos, qualquer que fosse seu estatuto, sua forma, seu valor e ou seu tratamento a que fossem submetidos, se desenvolveriam no anonimato de um murmúrio.[5]

4.3. Compreensivelmente preocupado em definir o território da arqueologia com relação aos campos dos saberes e das disciplinas, Foucault parece ter omitido – pelo menos até certo ponto – interrogar-se a respeito das implicações éticas da teoria dos enunciados. Preocupado em cancelar e em despsicologizar o autor, em identificar, já na neutralização da pergunta "quem fala?", algo semelhante a uma ética imanente à escritura, só mais tarde ele começou a medir todas as consequências que a dessubjetivação e a decomposição do autor podiam trazer para o próprio sujeito. Usando os termos de Benveniste, poder-se-ia afirmar que a metassemântica dos discursos disciplinares acabou ocultando a semântica da enunciação que a havia tornado possível; que a constituição do sistema dos enunciados em uma positividade e em um *a priori* histórico fez com que se esquecesse o cancelamento do sujeito que era o seu pressuposto. Desse modo, a justa preocupação em descartar o falso problema "quem fala?", im-

---

[4] Idem, *L'archéologie du savoir*, cit., p. 126.
[5] Idem, *Scritti letterari*, cit., p. 21.

pediu que se formulasse a pergunta – totalmente diferente e inevitável: o que acontece no indivíduo vivente quando ele ocupa o "lugar vazio" do sujeito, no momento em que, ao entrar em um processo de enunciação, descobre que "a nossa razão nada mais é que a diferença dos discursos, que a nossa história nada mais é que a diferença dos tempos, e que o nosso eu nada mais é que a diferença das máscaras"[6]?

Uma vez mais: o que significa ser sujeito de uma dessubjetivação? Como um sujeito pode dar conta do seu próprio desconcerto?

Tal omissão – caso se tratar de omissão – não corresponde obviamente a um esquecimento ou a uma incapacidade por parte de Foucault, mas a uma dificuldade implícita no próprio conceito de uma semântica da enunciação. Enquanto tem a ver não com o texto do enunciado, mas com o fato de ter lugar, não com um dito, mas com um puro dizer, ela, por sua vez, não pode constituir nem um texto nem sequer uma disciplina; pelo fato de não se sustentar sobre um conteúdo de significado, mas sobre um acontecimento de linguagem, o sujeito da enunciação, cuja dispersão funda a possibilidade de uma metassemântica dos saberes e constitui os enunciados em um sistema positivo, não pode tomar a si mesmo como objeto, não pode enunciar-se. Por isso, não pode haver arqueologia do sujeito da mesma forma como há arqueologia dos saberes.

Porventura isso significa que aquele que ocupa o lugar vazio do sujeito está destinado a ficar para sempre na sombra, que o autor deve perder-se integralmente e naufragar no murmúrio anônimo do "o que importa quem fala?". Talvez haja um único texto, na obra de Foucault, em que esta dificuldade aflora tematicamente à consciência e no qual a obscuridade do sujeito emerge por um instante com todo o seu esplendor. Trata-se de *A vida dos homens infames*, concebido originalmente como prefácio de uma antologia de documentos de arquivo, registros de internamento ou *lettres de cachet*, em que o encontro com o poder, no mesmo momento em que as marca com infâmia, arranca da noite e do silêncio existências humanas que, do contrário, não teriam deixado nenhum sinal de si. O que por um instante brilha através desses lacônicos enunciados não são – como

---

[6] Idem, *L'archéologie du savoir*, cit., p. 172 s.

gostaria a ênfase patética de certa história oral – os eventos biográficos de uma história pessoal, mas o rastro luminoso de outra história; não a memória de uma existência oprimida, e sim a ardência muda de um *ethos* imemorável; não a figura de um sujeito, e sim a desconexão entre o ser vivo e o ser que fala, que assinala o seu lugar vazio. Dado que, nesse caso, há uma vida que somente subsiste na infâmia na qual foi jogada, e um nome que vive unicamente no opróbrio que a cobriu, algo, nesse opróbrio, dá testemunho deles para além de qualquer biografia.

4.4. Foucault denomina "arquivo" a dimensão positiva que corresponde ao plano da enunciação, ao "sistema geral da formação e da transformação dos enunciados"[7]. De que forma devemos conceber tal dimensão, se ela não corresponde ao arquivo em sentido restrito – ou seja, ao depósito que cataloga os traços do já dito para os consignar à memória futura – nem à babélica biblioteca que acolhe o pó dos enunciados a fim de permitir a sua ressurreição sob o olhar do historiador?

Como conjunto das regras que definem os eventos de discurso, o arquivo situa-se entre a *langue*, como sistema de construção das frases possíveis – ou seja, das possibilidades de dizer – e o *corpus* que reúne o conjunto do já dito das palavras efetivamente pronunciadas ou escritas. O arquivo é, pois, a massa do não-semântico, inscrita em cada discurso significante como função da sua enunciação, a margem obscura que circunda e limita toda concreta tomada de palavra. Entre a memória obsessiva da tradição, que conhece apenas o já dito, e a demasiada desenvoltura do esquecimento, que se entrega unicamente ao nunca dito, o arquivo é o não-dito ou o dizível inscrito em cada dito, pelo fato de ter sido enunciado, o fragmento de memória que se esquece toda vez no ato de dizer *eu*. É nesse "*a priori* histórico", suspenso entre a *langue* e a *parole*, que Foucault instala o seu canteiro e funda a arqueologia como "tema geral de uma descrição que interroga o já dito no plano da sua existência"[8] – ou seja,

---

[7] Ibidem, p. 171.
[8] Ibidem, p. 173.

como sistema das relações entre o não-dito e o dito em cada ato de palavra, entre a função enunciativa e o discurso sobre o qual se projeta, entre o fora e o dentro da linguagem.

Imaginemos agora repetir a operação de Foucault, fazendo com que deslize na direção da língua, que se desloque para o plano da língua o canteiro que ele havia criado entre a *langue* e o conjunto dos atos de palavra, ou melhor, entre a língua e o arquivo. Dizendo-o melhor ainda, não tanto entre um discurso e o fato de este ter lugar, entre o dito e a enunciação que aí acontece, mas sim entre a *langue* e o seu ter lugar, entre uma pura possibilidade de dizer e sua existência como tal. Se, de algum modo, a enunciação fica suspensa entre a *langue* e a *parole*, tratar-se-á então de tentar considerar os enunciados não do ponto de vista do discurso em ato, mas daquele da língua, olhando a partir do plano da enunciação não em direção ao ato de palavra, mas na direção da *langue* como tal. Ou, dito de outra forma, trata-se de articular um dentro e um fora não só no plano da linguagem e do discurso em ato, mas também no da língua como potência de dizer.

Em oposição ao *arquivo*, que designa o sistema das relações entre o não-dito e o dito, denominamos *testemunho* o sistema das -relações entre o dentro e o fora da *langue*, entre o dizível e o não-dizível em toda língua – ou seja, entre uma potência de dizer e a sua existência, entre uma possibilidade e uma impossibilidade de dizer. Pensar uma potência em ato *enquanto potência*, ou seja, pensar a enunciação no plano da *langue* equivale a inscrever na possibilidade uma cisão que a divide em uma possibilidade e uma impossibilidade, em uma potência e uma impotência, e, nessa cisão, situar um sujeito. Enquanto a constituição do arquivo pressupunha deixar fora do jogo o sujeito, reduzido a simples função ou a uma posição vazia, e o seu desaparecimento no rumor anônimo dos enunciados, no testemunho a questão decisiva se torna o lugar vazio do sujeito. Não se trata, naturalmente, de voltar ao velho problema, que Foucault havia procurado liquidar: "Como pode a liberdade de um sujeito inserir-se nas regras de uma língua?" – mas sim de situar o sujeito na separação entre uma possibilidade e uma impossibilidade de dizer, perguntando: "Como pode dar-se algo parecido com um enunciado no plano da língua? De que maneira pode ser atestada, como tal, uma possibilidade de dizer?" Precisamente porque o testemunho é a relação entre uma possibilidade de dizer e o fato de ter lugar, ele só pode acontecer por meio da relação com uma impossibilidade de dizer, ou seja, unicamente como *contingência*, como um poder não-ser. Tal contingência, tal acontecer da língua em um sujeito, é outra coisa que o seu efetivo proferir ou não proferir um discurso em ato, o seu falar ou silenciar, o produzir-se ou não produzir-se de um enunciado. No sujeito, ela tem a ver com o seu ter ou não ter língua. O sujeito é, pois, a possibilidade de que a língua não exista, não tenha lugar – ou melhor, de que esta só tenha lugar pela sua possibilidade de não existir, da sua contingência. O homem é o falante, o vivente que tem a linguagem porque *pode não ter* língua, pode a sua in-fância. A contingência não é uma modalidade entre tantas, ao lado do possível, do impossível e do necessário: é o dar-se efetivo de uma possibilidade, o modo no qual uma potência existe como tal. Ela é acontecimento (*contingit*), considerado do ponto de vista da potência, o dar-se de uma cisão entre um poder ser e um poder não ser. Este dar-se encontra, na língua, a forma de uma subjetividade. A contingência é o possível posto à prova em um sujeito.

Se, na relação entre o dito e o seu ter lugar, o sujeito do enunciado podia, realmente, ser colocado entre parênteses, porque o ato de tomar a palavra já havia ocorrido, a relação entre a língua e sua existência, entre a *langue* e o arquivo, exige, por sua vez, uma subjetividade como aquilo que atesta, na própria possibilidade de falar, uma impossibilidade de palavra. Por tal motivo, ela se apresenta como *testemunha*, pode falar por quem não pode falar. O testemunho é uma potência que adquire realidade mediante uma impotência de dizer e uma impossibilidade que adquire existência mediante uma possibilidade de falar. Os dois movimentos não podem nem identificar-se em um sujeito ou em uma consciência, nem sequer separar-se em duas substâncias incomunicáveis. Esta indivisível intimidade é o testemunho.

4.5. Chegou o momento para tentar redefinir as categorias da modalidade na perspectiva que aqui nos interessa. As categorias modais –

possibilidade, impossibilidade, contingência, necessidade – não são categorias lógicas ou gnosiológicas inócuas, que têm a ver com a estrutura das proposições ou com a relação de algo com a nossa faculdade de conhecer. Elas são operadores ontológicos, isto é, as armas devastadoras com que se combate a gigantomaquia biopolítica pelo ser, e se decide, de cada vez, sobre o humano e sobre o inumano, sobre um "fazer viver" ou um "deixar morrer". O campo da luta é a subjetividade. Que o ser se dá em modalidades significa que "viver é, para aqueles que vivem, o seu próprio ser" (*tò de zên tois zōsi tò einai estin*[9]), que ele implica um sujeito vivente. As categorias da modalidade não se fundamentam – segundo a tese kantiana – no sujeito, nem derivam dele; o sujeito é, sim, o que se põe em jogo nos processos em que elas interagem. Elas cindem e separam em um sujeito o que ele pode do que ele não pode, o ser vivo em relação ao ser que fala, o muçulmano em relação à testemunha – e, desse modo, decidem sobre ele.

Possibilidade (poder ser) e contingência (poder não ser) são os operadores da subjetivação, do ponto em que um possível chega à existência, se dá por meio da relação com uma impossibilidade. A impossibilidade, como negação da possibilidade [não (poder ser)], e a necessidade, como negação da contingência [não (poder não ser)], são os operadores da dessubjetivação, da destruição e da destituição do sujeito, ou seja, dos processos que nele estabelecem a divisão entre potência e impotência, entre possível e impossível. As duas primeiras constituem o ser na sua subjetividade, ou melhor, em última análise, como um mundo que é sempre *meu* mundo, pois nele a possibilidade existe, toca (*contingit*) o real. Necessidade e impossibilidade definem, por sua vez, o ser na sua integridade e compacidade, pura substancialidade sem sujeito – ou seja, em última instância, um mundo que nunca é *meu* mundo, pois nele a possibilidade não existe. As categorias modais – como operadores do ser – nunca estão, porém, frente ao sujeito como algo que ele poderia escolher ou recusar, nem como tarefa que ele poderia decidir – ou não – assumir em um momento privilegiado. O sujeito é, sobretudo, o campo de forças sempre já atravessado pelas correntes incandescentes e histo-

---

9   Aristóteles, *De an.* 415b 13 [*Da alma*, Lisboa, Edições 70, 2007, p. 60].

ricamente determinadas da potência e da impotência, do poder não ser e do não poder não ser.

Auschwitz representa, em tal perspectiva, um ponto de derrocada histórica desses processos, a experiência devastadora na qual se faz com que o impossível seja introduzido à força no real. É a existência do impossível, a negação mais radical da contingência – portanto, a necessidade mais absoluta. O muçulmano, produzido por Auschwitz, é a catástrofe do sujeito que daí resulta, sua anulação como lugar da contingência e sua manutenção como existência do impossível. A definição de Goebbels a respeito da política – "a arte de tornar possível o que parece impossível" – adquire aqui todo o seu peso. Ela define um experimento biopolítico sobre os operadores do ser, que transforma e desarticula o sujeito até a um ponto-limite no qual o nexo entre subjetivação e dessubjetivação parece romper-se.

4.6. O significado moderno do termo "autor" aparece relativamente tarde. Em latim, *auctor* significa originariamente quem intervém no ato de um menor (ou de quem, por algum motivo, não tem a capacidade de realizar um ato juridicamente válido), para lhe conferir o complemento de validade de que necessita. Assim, o tutor, ao pronunciar a fórmula *auctor fio*, proporciona ao pupilo a "autoridade" que lhe falta (diz-se assim que o pupilo age *tutore auctore*). Da mesma maneira, a *auctoritas patrum* é a ratificação que os senadores – chamados por isso *patres auctores* – trazem para uma resolução popular a fim de a tornar válida e obrigatória para todos os efeitos.

Entre as acepções mais antigas do termo, aparecem também as de "vendedor" em um ato de transferência de propriedade, de "quem aconselha ou persuade" e, por fim, de "testemunha". De que modo um termo que expressava a ideia da integração de um ato imperfeito pode significar também o vendedor, o conselho e o testemunho? Qual é o caráter comum que está na raiz desses significados aparentemente heterogêneos?

A respeito dos significados de "vendedor" e de "conselheiro", basta um exame rápido para verificar a sua substancial pertinência ao significado fundamental. O vendedor é denominado *auctor,* pois a sua vontade, integrando-se com a do comprador, convalida e legitima a propriedade. A transferência de propriedade aparece, no caso, como a convergência de, pelo menos, duas partes em processo de translação, no qual o bom direito do comprador se funda sempre sobre o do vendedor, que se torna, assim, o seu *auctor*. Quando lemos no *Digesto* (50, 17, 175, 7) *non debeo melioris condicioni esse, quam auctor meus, a quo ius in me transit*, isso significa simplesmente: o meu título de propriedade funda-se, de maneira necessária e suficiente, no do vendedor que o "autoriza". Em todo caso, é essencial a ideia de uma relação entre dois sujeitos, na qual um faz o papel de *auctor* do outro: *auctor meus* é, para o proprietário atual, o vendedor, no qual se funda a propriedade legítima.

Também o significado de "quem dá conselho ou persuade" pressupõe uma ideia análoga. A vontade incerta ou hesitante de um sujeito recebe, de fato, do *auctor* o impulso ou o complemento que lhe permite passar ao ato. Quando lemos, no *Miles* de Plauto, *quid nunc mi es auctor, ut faciam?*, isso não significa simplesmente "o que me aconselhas fazer?", mas: a que me "autorizas", de que modo integras a minha vontade para a tornar capaz de decidir-se por uma determinada ação?

Nessa perspectiva, também o significado de "testemunha" torna-se transparente, e os três termos que em latim expressam a ideia do testemunho adquirem, cada um deles, a sua fisionomia própria. Se *testis* indica a testemunha enquanto intervém como terceiro na disputa entre dois sujeitos, e *superstes* é quem viveu até o fundo uma experiência, sobreviveu à mesma e pode, portanto, referi-la aos outros, *auctor* indica a testemunha enquanto o seu testemunho pressupõe sempre algo – fato, coisa ou palavra – que lhe preexiste, e cuja realidade e força devem ser convalidadas ou certificadas. Neste sentido, *auctor* contrapõe-se a *res* (*auctor magis... quam res... movit*: a testemunha tem mais autoridade do que o fato testemunhado – Liv., 2, 37, 8) ou a *vox* (*voces... nullo auctore emissae*: palavras cuja verdade nenhuma testemunha garante – Cic., *Coel.* 30). O testemunho sempre é, pois, um ato de "autor", implicando sempre uma dualidade essencial, em que são integradas e passam a valer uma insuficiência ou uma incapacidade.

Desse modo, explicam-se também o sentido de "fundador de uma estirpe ou de uma cidade" que o termo *auctor* tem nos poetas, e o significado geral de "pôr em ser, dar existência", que Benveniste identifica como o significado originário de *augere*. Como se sabe, o mundo clássico não conhece a criação *ex nihilo* [a partir do nada], e, por isso, todo ato de criação sempre implica algo, matéria informe ou ser incompleto, que se trata de aperfeiçoar ou "fazer crescer". Todo criador é sempre co-criador, todo autor, coautor. E assim como o ato do *auctor* completa o do incapaz, dá força de prova ao que, em si, falta, e vida ao que por si só não poderia viver, pode-se afirmar, ao contrário, que é o ato imperfeito ou a incapacidade que o precedem e que ele vem a integrar que dá sentido ao ato ou à palavra do *auctor*-testemunha. Um ato de autor que tivesse a pretensão de valer por si é um sem-sentido, assim como o testemunho do sobrevivente é verdadeiro e tem razão de ser unicamente se vier a integrar o de quem não pode dar testemunho. Assim como o tutor e o incapaz, o criador e a sua matéria, também o sobrevivente e o muçulmano são inseparáveis, e só a unidade-diferença entre eles constitui o testemunho.

4.7. Veja-se o paradoxo de Levi: "O muçulmano é a testemunha integral". Isso implica duas proposições contraditórias:
1) "O muçulmano é o não-homem, aquele que em nenhum caso poderia testemunhar."
2) "Aquele que não pode testemunhar é a verdadeira testemunha, a testemunha absoluta."

Sentido e sem-sentido deste paradoxo, nessa altura, tornam-se transparentes. O que neles se expressa não é senão a estrutura íntima dual do testemunho como ato de um *auctor*, como diferença e integração de uma impossibilidade e de uma possibilidade de dizer, de um não-homem e de um homem, de um ser vivo e de um ser que fala. O sujeito do testemunho é constitutivamente cindido, só tendo consistência na desconexão e na separação – não sendo, contudo, redutível às mesmas. Isso significa "ser sujeito de uma dessubjetivação"; por isso, a testemunha, o sujeito ético, é o sujeito que dá testemunho de uma dessubjetivação. O fato de não ser possível atribuir o testemunho [*l'inassegnabilità della testimonianza*] não é mais que o preço desta cisão, dessa inquebrantável intimidade do muçulmano e da testemunha, de uma impotência e de uma potência de dizer.

Também o segundo paradoxo de Levi, que reza "O homem é aquele que pode sobreviver ao homem" encontra aqui seu sentido. Muçulmano e testemunha, humano e inumano, são coextensivos e, contudo, não coincidentes, divididos e, apesar disso, inseparáveis. Essa indivisível partição, essa vida cindida e, mesmo assim, indissolúvel, expressa-se por uma dupla sobrevivência: o não-homem é quem pode sobreviver ao homem, e o homem é quem pode sobreviver ao não-homem. Só porque, no homem, foi possível isolar o muçulmano, só porque a vida humana é essencialmente destrutível e divisível, a testemunha pode sobreviver-lhes. A sobrevivência da testemunha no confronto com o inumano é função da sobrevivência do muçulmano no confronto com o humano. O que pode ser infinitamente destruído é o que pode sobreviver infinitamente a si mesmo.

4.8. A tese central da fisiologia de Bichat consiste em que a vida pode sobreviver a si mesma, e, aliás, em que ela é constitutivamente cindida em uma pluralidade de vidas – e, portanto, de mortes. Todas as suas *Recherches physiologiques sur la vie et sur la mort* [investigações fisiológicas sobre a vida e sobre a morte] são fundadas na constatação de uma cisão fundamental da vida, que ele apresenta como a convivência, em todo organismo, de dois "animais": o *animal existant en dedans*, cuja vida – que ele denomina orgânica, comparando-a com a de um vegetal – não é senão uma "sucessão habitual de assimilação e excreção", e o *animal existant au-dehors*, cuja vida – a única que merece o nome de animal – é definida pela relação com o mundo exterior. A cisão entre o orgânico e o animal atravessa a vida inteira do indivíduo, ficando marcada pela oposição entre a continuidade das funções orgânicas (circulação do sangue, respiração, assimilação, excreção etc.) e a intermitência das funções animais (a mais evidente entre elas é a do sono-vigília), entre a assimetria da vida orgânica (um só estômago, um fígado, um coração) e a simetria da vida animal (um cérebro simétrico, dois olhos, duas orelhas, dois braços etc.), e, por último, na não-coincidência entre o seu início e o seu fim. Assim como, de fato, a vida orgânica começa, no feto, antes do que a vida animal, assim também, no envelhecimento e na agonia, sobrevive à morte desta. Foucault observou a multiplicação da morte em Bichat, o fato de se tornar morte aos poucos ou por partes, e sua divisão em uma série de mortes parciais: morte do cérebro, do fígado, do coração... O que Bichat, porém, não consegue aceitar, o que continua a apresentar-se a ele como enigma irredutível, não é tanto essa multiplicação da morte, quanto a sobrevivência da vida orgânica em relação à vida animal, a inconcebível permanência do "animal de dentro", mesmo que o "animal de fora" tenha deixado de existir. Se a precedência da vida orgânica em relação à vida animal pode ser, de fato, explicada como processo de desenvolvimento na direção de formas cada vez mais elevadas e complexas, como dar conta, por sua vez, da insensata sobrevivência do animal de dentro?

As páginas em que Bichat descreve a extinção gradual e inexorável da vida animal na sobrevivência indiferente das funções orgânicas estão entre as mais intensas das *Recherches*:

A morte natural tem isso de notável, ou seja, de que ela põe fim, quase completamente, à vida animal, bem antes que acabe a vida orgânica. Olhem para o homem que se apaga ao final de uma longa velhice: morre por partes; as suas funções exteriores cessam uma depois de outra; todos os seus sentidos cerram-se sucessivamente; as causas habituais da sensação passam por eles sem os afetar. A vista se obscurece, se turva, e ao final deixa de transmitir a imagem dos objetos: é a cegueira senil. Os sons inicialmente ferem o ouvido de modo confuso, e logo em seguida ele se torna completamente insensível. O invólucro cutâneo, encalecido, endurecido, parcialmente privado de vasos, já desativados, nesta altura é apenas sede de um tato obscuro e indistinto: de resto, o hábito de sentir embotou sua sensibilidade. Todos os órgãos que dependem da pele enfraqueceram-se e morrem; os cabelos e a barba encaneceram. Sem os sucos que os nutriam, os pelos caem. Os odores já deixam no nariz apenas uma impressão leve... Isolado no meio da natureza, privado parcialmente das funções dos órgãos sensitivos, o velho sente que também as do cérebro se apagam bem rapidamente. Quase já não há nele percepção, pois, nos sentidos, nada ou quase nada ativa seu exercício; a imaginação fica embotada e anulada. A memória das coisas presentes se destrói; o velho esquece em um segundo o que acaba de lhe ser dito, pois seus sentidos exteriores, enfraquecidos e já, por assim dizer, mortos, não conseguem confirmar-lhe aquilo que o seu espírito lhe ensina. As ideias lhe escapam, quando as imagens traçadas pelos sentidos não conservam sua impressão.[10]

A este declínio dos sentidos exteriores corresponde um íntimo estranhamento em relação ao mundo, que lembra de perto as descrições da apatia do muçulmano nos campos:

Os movimentos do velho são raros e lentos; custa fadiga sair da atitude em que se encontra. Sentado ao lado do fogo que o esquenta, transcorre suas jornadas concentrado em si mesmo, alheio ao que acontece à sua volta, sem desejos, sem paixões, sem sensações; quase não fala, pois nada o leva a romper o silêncio, satisfeito por sentir que ainda existe, quando qualquer outro sentimento já desvaneceu... É fácil verificar, a partir do que dissemos, de que no velho as funções exteriores se apagam aos poucos, de que a vida animal já cessou quase inteiramente quando a orgânica ainda está ativa. Sob esse ponto de vista, a condição do ser vivo que a morte natural está para anular é semelhante àquela em que se encontrava no seio materno, ou então ao estado do vegetal, que não vive senão no interior, e para o qual toda a natureza está em silêncio.[11]

A descrição culmina, ao final, com uma pergunta que é, ao mesmo tempo, uma amarga confissão de impotência frente ao enigma:

Mas por que, quando deixamos de existir fora, vivemos ainda dentro, dado que os sentidos, a locomoção etc., estão destinados, sobretudo a colocar-nos em relação com os corpos que nos devem nutrir? Por que tais funções ficam debilitadas em proporção maior do que as internas? Por que não há uma relação exata na sua cessação? Não consigo resolver inteiramente tal enigma...[12]

Bichat não podia prever que um dia as tecnologias médicas de reanimação, por um lado, e as biopolíticas, por outro, iriam trabalhar precisamente nessa desconexão entre o orgânico e o animal, realizando o pesadelo de uma vida vegetativa que sobrevive indefinidamente

---

[10] X. Bichat, *Recherches physiologiques sur la vie et la mort* (Paris, Flammarion, 1994), p. 200 ss.
[11] Ibidem, p. 202 ss.
[12] Ibidem, p. 203 ss.

à vida de relação, de um não-homem infinitamente separável do homem. Mas, como se um obscuro prenúncio desse pesadelo lhe atravessasse improvisamente a mente, ele então imagina o sonho simétrico de uma morte invertida, que deixa sobreviver no homem as funções animais e destrói totalmente as da vida orgânica:

> Se fosse possível supor um homem em quem a morte destruísse apenas todas as funções internas, como a circulação, a digestão, as secreções etc., deixando subsistir o conjunto das funções da vida animal, tal homem veria então aproximar-se o fim da sua vida orgânica com olhos indiferentes, pois sentiria que o bem da sua existência não depende delas e que ele assim seria capaz, mesmo depois desta espécie de morte, de sentir e provar tudo aquilo que até então constituía a sua felicidade.[13]

Em todo caso, seja que sobreviva o homem ou o não-homem, o animal ou o orgânico, se poderia dizer que a vida traz em si mesma o sonho – ou o pesadelo – da sobrevivência.

4.9. Foucault – como vimos – define a diferença entre o biopoder moderno e o poder soberano do velho Estado territorial mediante o cruzamento de duas fórmulas simétricas. *Fazer morrer* e *deixar viver* resume a marca do velho poder soberano, que se exerce, sobretudo, como direito de matar; *fazer viver* e *deixar morrer* é a marca do biopoder, transformando a estatização do biológico e do cuidado com a vida no próprio objetivo primário.

À luz das considerações precedentes, entre as duas fórmulas insinua-se uma terceira, que define o caráter mais específico da biopolítica do século XX: já não *fazer morrer*, nem *fazer viver*, mas *fazer sobreviver*. Nem a vida nem a morte, mas a produção de uma sobrevivência modulável e virtualmente infinita constitui a tarefa decisiva do biopoder em nosso tempo. Trata-se, no homem, de separar cada vez a vida orgânica da vida animal, o não-humano do humano, o muçulmano da testemunha, a vida vegetal mantida em funcionamento mediante as técnicas de reanimação da vida consciente, até alcançar um ponto-limite que, assim como as fronteiras da geopolí-

[13] Ibidem, p. 205 ss.

tica, é essencialmente móvel e se desloca segundo o progresso das tecnologias científicas e políticas. A ambição suprema do biopoder consiste em produzir em um corpo humano a separação absoluta entre o ser vivo e o ser que fala, entre a *zoé* e o *bíos*, o não-homem e o homem: a sobrevivência.

Por isso, o muçulmano no campo – assim como, hoje em dia, o corpo do ultracomatoso e do *neomort* das salas de reanimação – não manifesta apenas a eficácia do biopoder, mas apresenta, por assim dizer, a sua cifra secreta, exibe o seu *arcanum*. No seu *De arcanis rerum publicarum* (1605), Clapmar distinguia, na estrutura do poder, uma face visível (o *jus imperii*) e uma face oculta (o *arcanum*, que ele deriva de *arca*, cofre, caixa de ferro). Na biopolítica contemporânea, a sobrevivência é o ponto em que as duas faces coincidem, é o vir à luz do *arcanum imperii* como tal. Por tal motivo, ele permanece, por assim dizer, invisível na sua própria exposição, ficando tanto mais recôndito quanto mais exposto ao olhar. No muçulmano, o biopoder pretendeu produzir o seu último arcano, uma sobrevivência separada de qualquer possibilidade de testemunho, uma espécie de substância biopolítica absoluta que, no seu isolamento, permite que se confira qualquer identidade demográfica, étnica, nacional e política. Se alguém participasse, de algum modo, da "solução final", era, no jargão da burocracia nazista, um *Geheimnisträger*, um depositário de segredos, e o muçulmano é o segredo absolutamente não testemunhável, a arca não desvelável do biopoder. Não desvelável porque vazia, porque não é mais que o *volkloser Raum*, o espaço vazio de povo no centro do campo, que, ao separar toda vida de si mesma, marca a passagem do cidadão para o *Staatsangehörige* de ascendência não ariana, do não ariano para o judeu, do judeu para o deportado e, finalmente, do judeu deportado para além de si mesmo, para o muçulmano, ou seja, para uma vida nua não atribuível e não testemunhável.

Por isso, os que reivindicam atualmente a indizibilidade de Auschwitz deveriam ser mais cautelosos nas suas afirmações. Se quiserem dizer que Auschwitz foi um acontecimento único, frente ao qual a testemunha deve, de algum modo, submeter toda sua palavra à prova de uma impossibilidade de dizer, então eles têm razão. Se, porém, conjugando unicidade e indizibilidade, fizerem de Auschwitz uma realidade absolutamente separada da linguagem, se cancelarem, no muçulmano, a relação entre impossibilidade e possibilidade de dizer, que constitui o testemunho, então eles estarão repetindo inconscientemente o gesto dos nazistas, e se mostrarão secretamente solidários com o *arcanum imperii*. O seu silêncio traz consigo o risco de repetir a advertência zombeteira das SS aos habitantes do campo e que Levi transcreve no início de *Os afogados e os sobreviventes*:

> Seja qual for o fim desta guerra, a guerra contra vocês nós ganhamos; ninguém restará para dar testemunho, mas, mesmo que alguém escape, o mundo lhe dará crédito. Talvez haja suspeitas, discussões, investigações de historiadores, mas não haverá certezas, porque destruiremos as provas junto com vocês. E ainda que fiquem algumas provas e sobreviva alguém, as pessoas dirão que os fatos narrados são tão monstruosos que não merecem confiança [...] Nós é que ditaremos a história dos Lager.[14]

4.10. É precisamente tal isolamento da sobrevivência em relação à vida o que o testemunho refuta com cada uma de suas palavras. Ele diz que é precisamente porque o não-humano e o humano, o ser vivo e o ser que fala, o muçulmano e o sobrevivente coincidem, precisamente por haver, entre eles, uma divisão insuperável, é que pode haver testemunho. Precisamente enquanto ele é inerente à língua como tal, precisamente porque atesta o fato de que só através de uma impotência tem lugar uma potência de dizer, a sua autoridade não depende de uma verdade fatual, da conformidade entre o dito e os fatos, entre a memória e o acontecido, mas, sim, depende da relação imemorável entre o indizível e o dizível, entre o fora e o dentro da língua. *A autoridade da testemunha reside no fato de poder falar unicamente em nome de um não poder dizer, ou seja, no seu ser sujeito*. O testemunho não garante a verdade fatual do enunciado conservado no arquivo, mas a sua não-arquivabilidade, a sua exterioridade com respeito ao arquivo; ou melhor, da sua necessária subtração – enquanto existência de uma língua – tanto perante a memória quanto perante o esquecimento. Por isso mesmo – por ser possível dar testemunho só onde há a possibilidade de dizer e só haver testemunha onde houver

---

[14] P. Levi, *Os afogados e os sobreviventes*, cit., p. 1.

uma dessubjetivação – o muçulmano é realmente a testemunha integral, e por isso não é possível separar o muçulmano do sobrevivente.

É oportuno refletir sobre o estatuto particular que, sob tal perspectiva, compete ao sujeito. Que o sujeito do testemunho – ou melhor, que inclusive toda subjetividade, enquanto ser sujeito e testemunhar são, em última análise, uma única realidade – seja *resto*, isso não deverá ser entendido como se o sujeito fosse – segundo um dos significados do termo grego *hypóstasis* – algo similar a um substrato, um depósito ou um sedimento que os processos históricos de subjetivação e dessubjetivação, de humanização e de desumanização deixam para trás como uma espécie de fundo, ou de fundamento, do seu devir. Semelhante concepção repetiria, mais uma vez, a dialética do fundamento, em que algo – em nosso caso, a vida nua – deve ser separado e alcançar o fundo, para que uma vida humana possa vir a ser atribuída como própria a sujeitos (nesse sentido, o muçulmano é o modo pelo qual a vida judaica alcança o fundo, para que algo como uma vida ariana possa ser produzida). O fundamento, no caso, é função de um *telos*, que consiste em alcançar ou fundar o homem, do vir-a-ser humano por parte do inumano. É tal perspectiva que se trata de pôr em questão sem reservas. Devemos deixar de olhar para os processos de subjetivação e de dessubjetivação, para o vir-a-ser falante do ser vivo, e para vir-a-ser vivente do ser que fala – ou, de modo mais geral, para os processos históricos – como se eles tivessem um *telos*, apocalíptico ou profano, no qual ser vivo e ser que fala, não-homem e homem – ou sejam quais forem, em geral, os termos de um processo histórico – acabem se unindo em uma alcançada e consumada humanidade, se compondo em uma identidade realizada. Isso não significa que, sendo privados de um fim, venham a ser condenados à insensatez ou à vaidade de um desencanto e de um andar à deriva infinitos. Eles não têm um *fim*, mas um *resto*; não há, dentro deles ou debaixo deles, um fundamento, mas, entre eles, em seu meio, há uma separação irredutível, na qual cada termo pode pôr-se em posição de resto, pode testemunhar. Realmente histórico é aquilo que cumpre o tempo não na direção do futuro, nem simplesmente na direção do passado, mas no ato de exceder um meio. O Reino messiânico não é nem futuro (o milênio), nem passado (a idade de ouro): é um *tempo restante*.

4.11. Em entrevista de 1964 à televisão alemã, Hannah Arendt respondeu ao entrevistador que perguntava sobre o que restava, para ela, da Europa do período pré-hitlerista em que havia vivido: "O que resta? Resta a língua materna" (*Was bleibt? Es bleibt die Muttersprache*). O que é uma língua como resto? Como é possível uma língua sobreviver aos sujeitos e, até mesmo, ao povo que a falava? E o que significa falar em uma língua que resta? O caso de uma língua morta oferece aqui um paradigma instrutivo. Toda língua pode ser considerada um campo percorrido por duas tensões opostas, uma que vai para a inovação e a transformação, e outra que caminha para a invariância e a conservação. A primeira corresponde, na língua, a uma zona de anomia, a segunda, à norma gramatical. O ponto de intersecção entre as duas correntes opostas é o sujeito falante, como o *auctor* no qual se decide, de cada vez, o que se pode dizer e o que não se pode dizer, o dizível e o não dizível de uma língua. Quando, no sujeito falante, a relação entre norma e anomia, entre o dizível e o não dizível se rompe, tem-se a morte da língua e o surgimento na consciência de uma nova identidade linguística. Uma língua morta é, pois, aquela na qual não se pode opor norma e anomia, inovação e conservação. De tal língua diz-se com razão que não é mais falada, ou seja, que *nela é impossível assinalar a posição de sujeito*. O já-dito forma no caso um todo fechado e sem exterioridade, que só pode ser transmitido mediante um *corpus* ou então evocado de novo em um arquivo. Para o latim, isso aconteceu no momento em que é rompida a tensão entre *sermo urbanus*[discurso urbano] e *sermo rusticus*[discurso rural], que aflora à consciência dos falantes já na era republicana. Enquanto a oposição era percebida como tensão polar interna, o latim se manteve como língua viva, e o sujeito percebia que falava em uma única língua; quando ela se rompe, a parte normatizada separa-se como língua morta (ou como aquela que Dante chama *grammatica*) e a parte anômica dá vida aos romances vulgares.

Lembremos o caso de Giovanni Pascoli, poeta em língua latina entre os séculos XIX e XX, ou seja, quando o latim há séculos já era língua morta. O que então acontece é que o indivíduo consegue assumir a posição de sujeito em uma língua morta, isto é, consegue restaurar nela a possibilidade de opor o dizível e o não dizível, inovação e conservação, o que, por definição, já não é possível. À primeira vista, poder-se-ia dizer que um poeta desse tipo, em uma língua morta, enquanto volta a se instalar nela como sujeito, efetua uma verdadeira ressurreição da língua. É o que acontece, de resto, nos casos em que o exemplo do *auctor* isolado vem a ser seguido por outros, conforme aconteceu, entre 1910 e 1918, com a fala piemontesa de Forno, no Val di Più, quando o último ancião que a falava partilhou-a com um grupo de jovens, que começaram a falá-la também; ou no caso do neo-hebraico, em que toda uma comunidade se pôs como sujeito com respeito a uma língua já puramente cultual. Observando melhor, a situação é, porém, mais complexa. Na medida em que o exemplo do poeta em língua morta aparece conscientemente isolado, e ele mesmo continua falando e escrevendo em outra língua materna, pode-se afirmar que ele, de algum modo, faz com que a língua sobreviva aos sujeitos que a falavam, e que ele a produz como um meio indecidível – ou um testemunho – entre uma língua viva e uma língua morta. Dito de outra maneira, que ele – em uma espécie de *nekyia* filológica – oferece sua voz e seu sangue à sombra da língua morta para que ela volte – como tal – à palavra. Trata-se de um curioso *auctor*, que autoriza e convoca à palavra uma absoluta impossibilidade de falar.

Se voltamos agora ao testemunho, podemos dizer que dar testemunho significa pôr-se na própria língua na posição dos que a perderam, situar-se em uma língua viva como se fosse morta, ou em uma língua morta como se fosse viva – em todo caso, tanto fora do arquivo, quanto fora do *corpus* do já-dito. Não causa surpresa que tal gesto testemunhal seja também o do poeta, do *auctor* por excelência. A tese de Hölderin, segundo a qual "o que resta, fundam-no os poetas" (*Was bleibt, stiften die Dichter*) não deve ser compreendida no sentido trivial, de acordo com que a obra dos poetas é algo que perdura e permanece no tempo. Significa, sim, que a palavra poética é aquela que se situa, de cada vez, na posição de resto, e pode, dessa maneira, dar testemunho. Os poetas – as testemunhas – fundam a língua como o que resta, o que sobrevive em ato à possibilidade – ou à impossibilidade – de falar.

A respeito de que tal língua dá testemunho? Porventura de algo – fato ou evento, memória ou esperança, alegria ou agonia – que poderia ser registrado no *corpus* do já-dito? Ou da enunciação, que atesta no arquivo a irredutibilidade do dizer ao dito? Não é nem de uma nem de outra coisa. Não enunciável, não arquivável é a língua na qual o autor consegue dar testemunho da sua incapacidade de falar. Nela, uma língua que sobrevive aos sujeitos que a falam coincide com um falante que fica aquém da linguagem. É a "treva obscura" que Levi sentia crescer nas páginas de Celan como um "ruído de fundo"; é a não-língua de Hurbinek (*mass-klo, matisklo*), que não encontra lugar nas bibliotecas do dito, nem no arquivo dos enunciados. Assim como, no céu estrelado visto à noite, as estrelas resplandecem circundadas por uma densa treva, o que, na opinião dos cosmólogos, nada mais é que o testemunho do tempo no qual elas ainda não brilhavam, assim também a palavra da testemunha dá testemunho do tempo em que ela ainda não era humana. Ou então, conforme hipótese análoga, assim como, no universo em expansão, as galáxias mais remotas se afastam de nós a uma velocidade superior à da sua luz, que não consegue alcançar-nos, de modo que a escuridão que vemos nos céus nada mais seja que a invisibilidade daquela luz, assim também, segundo o paradoxo de Levi, testemunha integral é aquele que não podemos ver – o muçulmano.

4.12. *Resto* é um conceito teológico-messiânico. Nos livros proféticos do Antigo Testamento, o que nos salva não é todo o povo de Israel, mas um resto – indicado como *šeʾ ar Jisraʾel*, o resto de Israel, no livro de Isaías, ou como *šeʾ erit Josep*, resto de José, no de Amós. O paradoxo consiste aqui no fato de que os profetas se dirigem a todo Israel para que se converta ao bem, mas, ao mesmo tempo, lhe anunciam que só um resto será salvo (assim se escreve em Am. 5, 15: "Aborrecei o mal e amai o bem, e observai a justiça à porta; talvez o Senhor, o Deus dos Exércitos, se compadeça do resto de José"; e em Is. 10, 22: "Mesmo que o teu povo, ó Israel, seja como a areia do mar, só o resto se salvará").

O que devemos entender aqui como "resto"? Conforme insistiram em dizer os teólogos, é decisivo que o resto não parece remeter simplesmente a uma porção numérica de Israel, *resto é a consistência que Israel assume no ponto em que é posto em relação imediata com o éschaton, com o evento messiânico ou com a eleição.* Na sua relação com a salvação, o todo (o povo) põe-se, portanto, necessariamente como resto. Isso é evidente, sobretudo, em Paulo. Na Epístola aos Romanos, mediante uma densa rede de citações bíblicas, ele pensa o evento messiânico como série de cisões que dividem o povo de Israel e, ao mesmo tempo, os gentios, constituindo-os sempre em posição de resto: "Assim também no tempo atual (*en tō nyn cairō*, expressão técnica para o tempo messiânico) constituiu-se um resto (*leimma*) segundo a eleição da graça" (Rm. 11, 5). A cisão não divide, porém, só a parte em relação ao todo (Rm. 9, 6-8: "porque nem todos os de Israel são de fato israelitas; nem por serem semente de Abraão são todos seus filhos, mas: 'Em Isaac será chamada a ti uma semente'. Isto é, não são os filhos segundo a carne que são também filhos de Deus, mas os filhos da promessa é que serão contados como semente"), além disso, divide o povo em relação ao não-povo (Rm. 9,24: "Assim como diz o livro de Oseias: 'chamarei povo meu um não-povo, e amada uma (gente) não amada; e lá onde havia dito não povo meu, eles serão chamados filhos do Deus vivo'")*. No final, o resto apresenta-se como uma máquina soteriológica que permite a salvação daquele todo, cuja divisão e cuja perda havia assinalado (Rm. 11, 26: "Todo o Israel será salvo").

No conceito de resto, a aporia do testemunho coincide com a messiânica. Assim como o resto de Israel não é todo o povo, nem uma parte dele, mas significa precisamente a impossibilidade, para o todo e para a parte, de coincidir consigo mesmos e entre eles; e assim como o tempo messiânico não é nem o tempo histórico, nem a eternidade, mas a separação que os divide; assim também o resto de Auschwitz – as testemunhas – não são nem os mortos, nem os sobreviventes, nem os submersos, nem os salvos, mas o que resta entre eles.

---

*   Também aqui, em vez de se recorrer a trsduções bíblicas existentes em português, preferimos traduzir as citações bíblicas a partir do texto apresentado em italiano pelo autor, para manter a terminologia presente em sua análise. (N.T.)

4.13. Por definir o testemunho unicamente por meio do muçulmano, o paradoxo de Levi traz a única refutação possível de qualquer argumento negacionista. Que Auschwitz seja aquilo de que não é possível dar testemunho e que, ao mesmo tempo, o muçulmano seja a absoluta impossibilidade de dar testemunho. Se a testemunha dá testemunho pelo muçulmano, se ele consegue trazer à palavra a impossibilidade de falar – se, dito de outro modo, o muçulmano é constituído como testemunha integral – então o negacionismo é refutado no seu próprio fundamento. No muçulmano, a impossibilidade de dar testemunho já não é, realmente, uma simples privação, mas tornou-se real, existe como tal. Se o sobrevivente dá testemunho não da câmara a gás ou de Auschwitz, mas pelo muçulmano; se ele fala apenas a partir de uma impossibilidade de falar, então seu testemunho não pode ser negado. Auschwitz – de que não é possível dar testemunho – fica provado de modo absoluto e irrefutável.

Isso significa que as teses "eu dou testemunho pelo muçulmano" e "o muçulmano é a testemunha integral" não são nem juízos constatativos, nem atos ilocucionários, nem sequer enunciados no sentido foucaultiano; elas, acima de tudo, articulam uma possibilidade de palavra só por uma impossibilidade e, desta forma, assinalam o ter lugar de uma língua como evento de uma subjetividade.

4.14. Em 1987, um ano após a morte de Primo Levi, Z. Ryn e S. Klodzinski publicaram, nos *Auschwitz-Hefte*, o primeiro estudo dedicado ao muçulmano. O artigo – que tem o significativo título "An der Grenzen zwischen Leben und Tod: Eine Studie über die Erscheinung des 'Muselmanns' im Konzentrationslager" [*Na fronteira entre a vida e a morte: um estudo do fenômeno do muçulmano no campo de concentração*] – apresenta 89 testemunhos, quase todos de ex-deportados de Auschwitz, aos quais havia sido submetido um questionário sobre a origem do termo, sobre as características físicas e psíquicas dos muçulmanos, sobre as circunstâncias que causavam o processo de "muçulmanização", sobre o comportamento dos outros prisioneiros e dos funcionários com relação a eles, sobre a sua morte e sobre as suas possibilidades de sobrevivência. Os testemunhos recolhidos não acrescentam nada de essencialmente novo ao que já sabíamos, a não ser a respeito de um ponto, que nos interessa de modo especial, porque parece pôr em questão, não o testemunho de Levi, e sim um dos seus pressupostos fundamentais. Uma seção da monografia[15] intitula-se "Ich war ein Muselmann", eu era um muçulmano. Ela traz dez testemunhos de homens que sobreviveram à condição de muçulmano e tentam agora descrevê-la.

Na expressão *Eu era um muçulmano*, o paradoxo de Levi alcança a sua formulação mais extrema. O muçulmano não é só a testemunha integral, mas ele agora fala e dá testemunho em primeira pessoa. Já deveria estar claro em que sentido esta formulação extrema – *Eu, alguém que fala, era um muçulmano, ou seja, alguém que, em nenhum caso, pode falar* – não só não contradiz o paradoxo, mas sim, pontualmente, o verifica. Permitamos, portanto, que sejam eles – os muçulmanos – a ter a última palavra.

---

[15] "An der Grenzen zwischen Leben und Tod. Eine Studie über die Erscheinung des 'Muselmanns' im Konzentrationslager", cit., p. 121-4.

Os dias, nos quais eu era muçulmano, não os posso esquecer. Estava fraco, exausto, cansado até à morte. Para onde quer que olhasse, via algo para comer. Sonhava com pão e sopa, mas logo que acordava sentia uma fome insuportável. A porção de pão, 50 gramas de margarina, 50 gramas de marmelada, quatro batatas cozidas com toda a casca, que havia recebido na noite anterior, já faziam parte do passado. O chefe do barracão e os outros internados que tinham algum cargo jogavam fora as cascas das batatas e às vezes até uma batata inteira; eu os espiava e procurava as cascas no lixo para comê-las. Passava nelas a marmelada; eram realmente boas. Um porco não as teria comido, mas eu sim, mastigava até que sentisse a areia nos dentes...

LUCJAN SOBIERAJ

Eu, pessoalmente, fui muçulmano por pouco tempo. Lembro que, após o transporte para o barracão, fiquei prostrado completamente do ponto de vista psíquico. A prostração manifestou-se da seguinte maneira: fui tomado por uma apatia geral, nada me interessava, não reagia mais nem aos estímulos externos, nem aos internos; já não me lavava, e não só por falta de água, mas também quando tinha a oportunidade de o fazer; nem sequer sentia fome.

FELIKSA PIEKARSKA

Sou um muçulmano. Procurava proteger-me do risco de pegar uma pneumonia, assim como os outros companheiros, com a característica posição encurvada, estirando quanto possível as omoplatas, e movendo paciente e ritmicamente as mãos sobre o esterno. Assim eu me esquentava quando os alemães não olhavam.
Daquele momento em diante, volto ao Lager carregado às costas pelos colegas. Mas os muçulmanos somos cada vez mais...

EDWARD SOKÒL

Também eu fui um muçulmano, do início de 1942 até o início de 1943. Não tinha consciência de sê-lo. Acredito que muitos muçulmanos não se davam conta de pertencer a tal categoria. Mas durante a divisão dos internados fui colocado no grupo dos muçulmanos. Em muitos casos, era o aspecto dos internados que decidia sobre a sua inscrição nesse grupo.

JERZY MOSTOWSKI

Quem não tiver sido muçulmano por algum tempo não poderá imaginar quão profundas são as transformações psíquicas sofridas por um homem! A própria sorte tornava-se tão indiferente que já não se queria mais nada e em paz se esperava a morte. Não se tinham mais nem a força nem a vontade de lutar pela sobrevivência cotidiana; nos bastava o hoje, a gente se contentava com a ração ou com o que encontrasse no lixo...

KAROL TALIK

Em geral, pode-se dizer que entre os muçulmanos havia exatamente as mesmas diferenças que entre homens que vivem em condições normais; quero dizer, diferenças físicas ou psíquicas. As condições do Lager é que tornavam tais diferenças mais evidentes e com frequência éramos testemunhas de uma inversão de papel entre os fatores físicos e os psíquicos.

ADOLF GAWALEWICZ

Já havia provado um pressentimento deste estado. Na cela, havia conhecido a sensação da vida que se ia: todas as coisas terrenas não tinham mais importância. As funções corpóreas definhavam. Até a fome me atormentava menos. Sentia uma estranha doçura, porém não tinha mais a força de me levantar do colchão de palha e, se o conseguia fazer, para ir à latrina, tinha que me apoiar nas paredes...

WLODZIMIERZ BORKOWSKI

Vivi em meu próprio corpo a forma de vida mais atroz do Lager, o horror da condição muçulmana. Fui um dos primeiros muçulmanos; vagava pelo campo como cão vagabundo; tudo me era indiferente, contanto que pudesse viver mais um dia. Cheguei ao Lager em 14 de julho de 1940, com o primeiro comboio, vindo da prisão de Tarnow...
Após algumas dificuldades iniciais, fui colocado no Kommando Agricultura, *onde trabalhei até o outono daquele ano na colheita das batatas e do feno e na trilhadura. De repente ocorreu um acidente no* Kommando. *Haviam descoberto que civis de fora nos davam de comer. Acabei na companhia disciplinar e lá começou a tragédia da minha vida no campo. Perco as forças e a saúde. Após alguns dias de trabalho duro, o Kapo do Kommando precedente transferiu-me da companhia disciplinar para o* Kommando Serraria. *O trabalho era menos duro, mas se precisava estar ao ar livre o dia inteiro, e naquele ano o inverno era muito frio, sempre com chuva misturada com neve; as geadas já começavam e nós vestidos com tecidos leves, roupas de baixo e camisa, chinelos de madeira sem meias e, na cabeça, um gorro de tecido. Nesta situação, sem alimento suficiente, encharcados e gelados todo dia, a morte não nos dava tréguas...*

Nesse período, começou a muçulmanidade (das Muselmanentum) e se espalhou por todos os esquadrões que trabalhavam ao ar livre. O muçulmano é desprezado por todos, até pelos companheiros... Os seus sentidos ficam embotados, e quem está à volta se torna completamente indiferente para ele. Não pode mais falar de nada e nem sequer rezar, já não acreditando nem no céu nem no inferno. Já não pensa na sua casa, na família, nos companheiros no campo. Quase todos os muçulmanos morreram no campo; só um pequeno percentual conseguiu sair daquela situação. A boa sorte ou a providência fizeram com que alguns pudessem ser libertados. Por isso, é possível descrever como consegui livrar-me dessa condição.

[...] A cada passo viam-se muçulmanos, figuras sem carne e imundos, com a pele e o rosto enegrecidos, o olhar perdido, os olhos fundos, as roupas desgastadas, encharcadas e fedidas. Moviam-se a passos lentos e titubeantes, inadequados ao ritmo da marcha... Falavam apenas das suas lembranças e de comida: quantos pedaços de batata havia ontem na sopa, quantas fatias de carne, se o caldo era denso ou apenas água... As cartas que chegavam de casa não traziam conforto, pois não se iludiam de voltar. Um pacote era esperado com ansiedade para que se pudessem saciar pelo menos uma vez. Sonhávamos em revolver os restos da cozinha para encontrar restos de pão ou borra de café.

O muçulmano trabalhava por inércia, ou melhor, fazia de conta que trabalhava. Um exemplo: durante o trabalho na serraria, procurávamos as serras menos afiadas, que podiam ser usadas sem dificuldade, não importando se cortavam ou não. Muitas vezes fazíamos de conta que trabalhávamos um dia inteiro, sem cortar nem sequer uma cepa. Se tivéssemos que endireitar os pregos, martelávamos sem parar sobre a bigorna. Mas sempre devíamos ficar atentos para que ninguém nos visse, e também isso cansava. O muçulmano não tinha um objetivo, fazia seu trabalho sem pensar; movia-se sem pensar, sonhava apenas em ter na fila um lugar em que pudesse receber mais sopa e mais densa. Os muçulmanos seguiam atentamente os gestos dos chefes de cozinha para ver se, ao porem a colher na panela, pegavam a sopa de baixo ou de cima. Comiam apressados e não pensavam senão em obter uma segunda porção, mas isso nunca acontecia: uma segunda porção, recebiam-na os que trabalhavam mais e melhor, e eram mais considerados pelo chefe de cozinha...

Os outros internados evitavam os muçulmanos: não havia, com eles, nenhum tema comum de conversa, pois os muçulmanos divagavam e falavam só de comida.Os muçulmanos não gostavam dos prisioneiros "melhores" a não ser que pudessem obter deles algo de comer. Preferiam a companhia de iguais a eles, porque assim podiam trocar facilmente pão, queijo ou salsicha por um cigarro ou outro alimento. Tinham medo de ir à enfermaria, nunca se declaravam doentes e, em geral, desmaiavam de repente durante o trabalho.

Vejo ainda perfeitamente os esquadrões que voltam do trabalho em filas de cinco: as primeiras filas marchavam ao passo seguindo o ritmo da orquestra, enquanto os cinco logo atrás já não conseguiam manter o passo; aqueles ainda mais atrás, apoiavam-se uns nos outros; nas últimas filas, os quatro mais fortes carregavam pelos braços e pelas pernas o quinto que estava morrendo...

Conforme já afirmei, em 1940 eu vagava pelo Lager como um cão vagabundo, sonhando em conseguir pelo menos alguma casca de batata. Procurei enfiar-me em buracos perto da serraria, onde se procurava cozinhar as batatas que serviam de ração para os porcos e os outros animais. Os companheiros comiam pedaços de batatas cruas untadas de sacarina, que lembravam o gosto das peras. Todo dia a minha condição piorava: apareceram-me úlceras nas pernas e já não esperava conseguir sobreviver. Esperava apenas por um milagre, embora não tivesse a força de me concentrar e de rezar com fé...

Estava nesta situação, quando uma comissão, acredito, de médicos das SS, que entraram no barracão depois da última chamada, tomou nota de mim. Eram três ou quatro e se interessavam especialmente pelos muçulmanos. Além das bolhas nas pernas, tinha um inchamento no tornozelo do tamanho de um ovo. Por esse motivo, prescreveram-me uma cirurgia e transferiram-me com os outros para o barracão 9 (o ex-barracão 11). Recebíamos a mesma refeição dos outros, mas não íamos trabalhar e podíamos repousar todo o dia. Fomos visitados pelos médicos do campo; fui operado – as cicatrizes desta operação notam-se ainda hoje – e me recuperei. Não precisávamos apresentar-nos à chamada; fazia calor e se estava bem, até que um dia chegaram as SS responsáveis pelo barracão. Disseram que o ar era sufocante e pediram para abrir todas as janelas; era dezembro de 1940... Após poucos minutos, todos tremíamos de frio e nos fizeram correr pela sala até que todos estivéssemos cobertos de suor. Depois disseram: "sentados", e ninguém mais se moveu. Até que nossos corpos se resfriavam e de novo ficássemos com frio. Depois, mais uma corrida, e assim por todo o dia.

Tendo em vista a situação, decidi ir embora e, durante a visita de controle, declarei que estava curado, que estava bem e queria trabalhar. E assim aconteceu. Fui transferido para o barracão 10 (agora número 8). Colocaram-me em um quarto em que estavam apenas os recém-chegados [...]. Como velho detido, o chefe do barracão gostava de mim e me indicava como exemplo para os outros detidos [...]. Em seguida, fui transferido para o Kommando Agricultura, *no estábulo das vacas. Também aqui conquistei a confiança dos companheiros e comida suplementar, pedaços de beterraba, açúcar escuro, sopa destinada aos porcos, leite em quantidade e, além disso, o calor do estábulo. Isso fez com que me recuperasse e me salvasse da muçulmanidade [...]*

O tempo em que fui muçulmano marcou profundamente a minha memória: lembro perfeitamente o incidente no Kommando Serraria *no outono de 1940; ainda vejo a serra, os troncos de madeira amontoados desordenadamente, os barracões, os muçulmanos que se esquentam mutuamente, os seus gestos [...]. Os últimos momentos dos muçulmanos eram verdadeiramente assim como se diz nesta canção do campo:*

O que é pior que o muçulmano?
Porventura tem direito de viver?
Não está aí para que o pisoteiem, o empurrem e batam nele?
Perambula pelo campo como um cão vagabundo.
Todos o expulsam, mas o seu resgate é o crematório.
A ambulância o tira de circulação!

BRONISLAW GOSCINSKI

...

(*Residua desiderantur*)

BIBLIOGRAFIA

A bibliografia contém apenas os livros citados no texto. A tradução italiana de obras estrangeiras que, onde foi possível, é citada, foi, quando necessário, modificada para ser fiel ao texto original.

ADORNO, T. W. *Dialettica negativa*. 3. ed. Torino, Einaudi, 1975. (Ed. orig. *Negative Dialektik*. Frankfurt a. M., Suhrkamp, 1966.)
_____. *Minima moralia*: reflexões a partir da vida danificada. Trad. L. E. Bicca. São Paulo, Ática, 1992. (Ed. orig. *Minima moralia: Reflexionen aus dem beschädigten Leben*. Frankfurt a. M., Suhrkamp, 1951.)
AGAMBEN, G. *Il linguaggio e la morte*. Torino, Einaudi, 1982. [Ed. bras.: *A linguagem e a morte*: um seminário sobre o lugar da negatividade. Belo Horizonte, Editora UFMG, 2006.]
AMÉRY, J. *Un intelletuale a Auschwitz*. Torino, Bollati Boringhieri, 1987. (Ed. orig. *Jenseits von Schuld und Sühne. Bewältigungsversuche eines Überwältigen*. Stuttgart, F. Klett, 1977.)
ANTELME, R. *La specie umana*. 2. ed. Torino, Einaudi, 1976. (Ed. orig. *L'espèce humaine*. Paris, s. n., 1947.)
ARENDT, H. *La banalità del male*: Eichmann a Gerusalemme. 5. ed. Milano, Feltrinelli, 1993. (Ed. orig. *Eichmann in Jerusalem*: a report on the banality of evil. New York, Viking Press, 1963; nova ed. rev. e ampliada, 1965). [Ed. bras.: *Eichmann em Jerusalém*: um relato sobre a banalidade do mal. São Paulo, Companhia das Letras, 1999.]

_____. *Essays in Understanding*. New York, Harcourt Brace, 1993. [Ed. port.: *Compreensão e política e outros ensaios*: 1930-1954. Lisboa, Anthropos/Relógio D'Água, 2001]

BACHMANN, I. *Letteratura come utopia*: lezioni di Francoforte. Milano, Adelphi, 1993. (Ed. orig. *Frankfurter Vorlesungen*. München, Piper, 1980.)

BARTH, K. *Kirchliche Dogmatik*. Zürich, Zollikan, 1948. v. 2.

BENJAMIN, W. *Strada a senso unico*: scritti 1926-27. Torino, Einaudi, 1983. (Ed. orig.: *Einbahnstrasse*. Berlin, Rowholt, 1928.) [Ed. bras.: *Obras escolhidas II*: Rua de mão única. São Paulo, Brasiliense, 2000.]

BENVENISTE, E. *Problèmes de linguistique générale*. Paris, Gallimard, 1966. v. 1. [Ed. bras.: *Problemas de linguística geral I*. 5. ed. Campinas, Pontes, 2005.]

_____. *Problèmes de linguistique générale*. Paris, Gallimard, 1974. v. 2. [Ed. bras.: *Problemas de linguística geral II*. Campinas, Pontes, 1989.]

BERTELLI, S. *Lex animata in terris*. In: CARDINI, F. (Org.) *La città e il sacro*. Milano, Garzanti-Schewiller, 1994.

BETTELHEIM, B. *La fortezza vuota*. 4. ed. Torino, Garzanti, 1996. (Ed. orig. *The empty fortress*. New York, Macmillan, 1967.) [Ed. bras.: *A fortaleza vazia*. São Paulo, Martins Fontes, 1987.]

_____. *The informed heart*. New York, The Free Press, 1960. [Ed. bras.: *Coração informado*: autonomia na era da massificação. Rio de Janeiro, Paz e Terra, 1988.]

_____. *Sopravvivere*. 3. ed. Milano, Feltrinelli, 1991. (Ed. orig. *Surviving and other essays*. New York, Knopf, 1979.) [Ed. bras.: *Sobrevivência e outros estudos*. Porto Alegre, Artes Médicas, 1989.]

BICHAT, X. *Recherches physiologiques sur la vie et la mort*. Paris, Flammarion, 1994. (Ed. orig. 1800.)

BINSWANGER, L. *Per un'antropologia fenomenologica*. Milano, Feltrinelli, 1970.

BLANCHOT, M. *L'entretien infini*. Paris, Gallimard, 1969.

CARPI, A. *Diario di Gusen*. Torino, Einaudi, 1993.

CHRYSOSTHOME, J. *Sur l'incompréhensibilité de Dieu*. Paris, Cerf, 1970.
DERRIDA, J. *La voix et le phénomène*. Paris, PUF, 1967. [Ed. bras.: *A voz e o fenômeno*. Rio de Janeiro, Jorge Zahar, 1994.]
DES PRES, T. *The survivor: an anathomy of life in the death camps*. New York, 1977.
FELMAN, S. *À l'âge du témoignage*: Shoah de C. Lanzmann. In: *Au sujet de Shoah*. Paris, Belin, 1990.
FOUCAULT, M. *L'archéologie du savoir*. Paris, Gallimard, 1969. [Ed. bras.: *A arqueologia do saber*. 4. ed. Rio de Janeiro, Forense Universitária, 1995.]
_____. *Il fault defendre la société*. Paris, GallimardSewil, 1997. [ed. bras.: *Em defesa da sociedade* Trad. Maria Ermantina Galvão. São Paulo, Martins Fontes, 1999.]
_____. *Scritti letterari*. Milano, Feltrinelli, 1996.
FRONTISI-DUCROUX, F. *Du masque au visage*. Paris, Flammarion, 1995.
HEGEL, G. W. F. *Estetica*. Torino, Einaudi, 1967. [Ed. bras.: *A fenomenologia do espírito; Estética, A ideia e o ideal; Estética, o belo artístico e o ideal; Introdução à história da filosofia*. São Paulo, Abril Cultural, 1974.]
HEIDEGGER, M. *Bremer und Freiburger Vorträge*. Frankfurt a. M., Klostermann, 1994. GA v. 79.
_____. *Kant e il problema della metafisica*. Milano, Silva, 1962. (Ed. orig. *Kant und das Problem der Metaphysik*. Bonn, Cohen, 1929.)
_____. *Parmenides*. Frankfurt a.M., Kloestermann, 1982. GA v. 54.
HILBERG, R. *La distruzione degli ebrei di Europa*. Torino, Einaudi, 1995. (Ed. orig. *The Destruction of the European Jews*. New York, Holmer-Meyer, 1985.)
KANT, I. *Critica della ragion pura*. Roma-Bari, Laterza, 1981. [Ed. bras.: *Crítica da razão pura*. Trad. V. Rohden e U. B. Moosburger. São Paulo, Abril Cultural, 1980.]
KEATS, J. *The letters of John Keats*. Org. M. B. Forman. Oxford, Oxford University Press, 1935.

KERÉNYI, K. *La religione antica nelle sue linee fondamentali*. Roma, Astrolabio, 1951. (Ed. orig. *Die antike Religion*: eine Grundlegung. Amsterdam-Leipzig, 1940.)

KIMURA BIN. *Écrits de pshychopathologie phénoménologique*. Paris, PUF, 1992.

KOGON, E. *Der SS-Staat*: Das System der deutschen Konzentrationslager. München, Heyne, 1995.

LANGBEIN, H. *Auschwitz: Zeugnisse und Berichte*. Org. H. G. Adler, H. Langbein, F. Lingens-Reiner. Hamburg, Europäische, 1994.

_____. *Uomini ad Auschwitz*. Milano, Mursia, 1984. (Ed. orig. *Menschen in Auschwitz*. Wien, Europa Verlag, 1972.)

LEVI, P. *Ad ora incerta*. In: _____. *Opere*. Torino, Einaudi, 1988. v. 2.

_____. *L'altrui mestiere*. In: _____. *Opere*. Torino, Einaudi, 1990. v. 3.

_____. *Conversazioni e interviste*. Torino, Einaudi, 1997.

_____. *Se questo è un uomo. La tregua*. 4. ed. Torino, Einaudi, 1995. (1. ed. Torino, De Silva, 1947 e Torino, Einaudi, 1963, respectivamente). [Ed. bras.: *É isto um homem?* Trad. Luigi del Re. Rio de Janeiro, Rocco, 1998; *A trégua*. Trad. Marco Lucchesi. São Paulo, Companhia das Letras, 1997.]

_____. *I sommersi e i salvati*. 2. ed. Torino, Einaudi, 1991. (1. ed., 1986). [Ed. bras.: *Os afogados e os sobreviventes: os delitos, os castigos, as penas, as impunidades*. Trad. Luiz Sérgio Henriques. Rio de Janeiro, Paz e Terra, 1990.]

LEVINAS, E. *De l'évasion*. Montpellier, Fata Morgana, 1982.

LEWENTAL, S. *Gedenkbuch*. In: *Hefte von Auschwitz*, n. 1, Oswiecin, 1972.

LYOTARD, J.-F. *Le différend*. Paris, Minuit, 1983.

MANGANELLI, G. *La notte*. Milano, Adelphi, 1996.

MAUSS, M. *Essai sur la nature et la fonction du sacrifice*. In: _____. *Oeuvres*. Paris, Minuit, 1968. v. 1. [Ed. bras.: *Sobre o sacrifício*. São Paulo, Cosac Naify, 2005.]

PESSOA, F. *Obra em prosa*. Lisboa, Mem Martins, Europa-América, 1986. v. I, Escritos íntimos, cartas e páginas autobiográficas.

RILKE, R. M. *Il libro della povertà e della morte*. In: _____. *Poesie*. Torino, Einaudi-Gallimard, 1974. v. I. (Ed. orig. *Von der Armut und vom Tode*. In: *Das Stunde-Buch*. Leipzig, Insel, 1905.)

_____. *I quaderni di Malte Laurids Brigge*. Milano, Garzanti, 1974. (Ed. orig. *Die Aufzeichnungen des Malte Laurids Brigge*. Leipzig, Insel, 1910). [Ed. port.: *Os cadernos de Malte Laurids Brigge*. 2. ed. Porto, Inova, 1975.]

RYN, Z.; KLODZINSKI, S. *An der Grenzen zwischen Leben und Tod. Eine Studie über die Erscheinung des 'Muselmanns' im Konzentrationslager*. In: *Auschwitz-Hefte*. Weinheim/Basel, 1987. v. 1.

SATTA, S. *Il mistero del processo*. Milano, Adelphi, 1994.

SERENY, G. *In quelle tenebre*. 2. ed. Milano, Adelphi, 1994. (Ed. orig. *Into that Darkness*. London, 1974).

SOFSKY, W. *L'ordine del terrore*. Roma-Bari, Laterza, 1995. (Ed. orig. *Die Ordnung des Terrors*: Das Konzentrationslager. Frankfurt a. M. Fischer, 1993.)

SPINOZA, B. *Compendium grammatices linguae hebraeae*. In: _____. *Opera*. Org. Gebhardt. Heidelberg, 1925. v. 3.

TERTULLIANO. *Scorpiace*. Org. G. Azzali Bernardelli. Firenze, Nardini, 1990.

WIESEL, E. For some measure of humilty. *Sh'ma. A Journal of Jewish Responsibility*, n. 5, 31 Oct. 1975.

Este livro foi composto em Garamond 11 e Bauer Bodoni 12 e reimpresso em papel Chambril Avena 80 g/m² pela gráfica Forma Certa para a Boitempo, em outubro de 2024, com tiragem de 200 exemplares.